Pater Jacques Marin

Das Sakrament der Versöhnung

Das Wunder der Liebe

Vorwort von Msgr. A.-M. de Montléon
Bischof von Pamiers

Deutsche Übersetzung: Margrit Meyendriesch

Parvis-Verlag
CH-1648 Hauteville/Schweiz

Die Kollektion «le Verbe de Vie» («Das Wort des Lebens») steht unter der Leitung der «Communauté du Verbe de Vie» («Gemeinschaft des Wortes des Lebens») (F-19190 Aubazine).
Es werden hier Themen des geistlichen Lebens behandelt, die für das Leben eines Jüngers Christi von Nutzen und dazu bestimmt sind, die Liebe zu Gott, zu seinem Wort und zur Kirche zum Wachstum zu bringen.

Französischer Originaltitel:
«Le Sacrement de Réconciliation — Miracle de l'Amour»

PARVIS-VERLAG
CH-1648 HAUTEVILLE / SCHWEIZ

Postsendungen in alle Länder

Gedruckt in der Schweiz

ISBN 3-907523-84-9

Das Sakrament der Versöhnung

Das Wunder der Liebe

Imprimatur:

Das Buch von Pater Jacques Marin führt den Lesern aufs neue die Wichtigkeit des Sakramentes der Versöhnung im sakramentalen Heilsplan der katholischen Kirche vor Augen. Möge es dazu beitragen, eine Neubelebung dieses Sakramentes herbeizuführen.

Jean Cuminal, Bischof von Blois
Blois, am Aschermittwoch, dem 1. März 1995

Für meine Mutter, die mich zu beichten gelehrt hat,
für die heiligmäßigen Priester, die mir dieses Sakrament gespendet haben,
für die vielen Christen, die auf der Suche nach der göttlichen Barmherzigkeit sind,
für alle Menschen guten Willens, die aus ganzem Herzen nach der Versöhnung verlangen.

«Im kommenden dritten Jahr, 1999, soll der Sinn des "Unterwegs-Seins zum Vater" uns alle dazu führen, im Anhangen an Christus, dem Erlöser der Welt, einen Weg authentischer Umkehr zu beschreiten, der einen negativen Aspekt der Befreiung von der Sünde beinhaltet, sowie auch einen positiven Aspekt der Wahl des Guten, ausgedrückt durch die ethischen Werte, die im Naturgesetz enthalten und durch die Kirche bestätigt worden sind. In diesem Rahmen ist es nun angebracht, mit Eifer das Bußsakrament in seiner tiefsten Bedeutung neu zu entdecken und zu empfangen.»

Papst Johannes Paul II.
(Apostolisches Schreiben für das Jubiläum des Jahres 2000, Nr. 50)

Vorwort

Das Sakrament der Versöhnung, das heute neu entdeckt zu werden beginnt, wird mit Sicherheit in den nächsten Jahren eine der lebendigsten Quellen der Erneuerung bei den Katholiken sein und durch sie auch für die ganze menschliche Gesellschaft. «Die Welt», sagt uns Pater Jacques Marin, «würde sich in einem besseren Zustand befinden, wenn die Katholiken häufiger zur Beichte gingen», nicht weil sie die Sünden dieser Welt zu tragen hätten, sondern weil durch sie die Gnade Christi sich stärker verbreiten würde. Versuchen wir zu verstehen, warum das so ist.

Die tiefgreifende Unausgeglichenheit und die Konflikte, an denen unsere Gesellschaft leidet, haben ihre Ursache nicht nur in einem technischen, ökonomischen, politischen oder beruflichen Versagen, — sie bilden auch, und vielleicht vor allem, die Ursachen und Auswirkungen auf geistlichem und sittlichem Gebiet. Nun aber können nur Verzeihung und Versöhnung die Menschen von den Wunden heilen, welche sie selbst empfangen oder anderen zufügen. Die Reue und die Verzeihung stellen in ihnen ein Verantwortungsbewußtsein wieder her, welchem sie sich immer mehr entziehen, und geben ihnen ihre wahre Würde zurück. Die Versöhnung ist nämlich keineswegs eine Verneinung, eine Relativierung oder das unmögliche Vergessen des Bösen und der Ungerechtigkeit. Sie ist keineswegs das Nicht-geschehen-Sein, keine kindisch-unreife Nachsicht und keine automatische Amnestie. Sie ist die Fähigkeit, das Unrecht zu reparieren und sich vom Bösen zu trennen. Das ist es, was dem Menschen seine wahre Freiheit und seine Verantwortung gibt, was es ihm aufs neue ermöglicht, das Gute in Empfang zu nehmen und es zu tun, es in seiner Umgebung zum Leben zu erwecken oder wiederherzustellen.

Verantwortlich sein, das heißt, das Gute gut und das Böse böse nennen zu können. Wenn man sich weigert anzuerkennen, daß es das Gute und das Böse gibt, dann führt eine solche Haltung dazu, daß das Böse so schwer zu ertragen wird und daß der Mensch daran zerbricht; damit aber nimmt man ihm auch die Möglichkeit, Gutes zu tun. Das Sakrament der Vergebung ist — durch die Reue und die Befreiung vom Bösen — die Verheißung einer Öffnung auf das Gute hin.

Unerläßlich ist die Vergebung; aber sie ist für den Menschen, der seinen eigenen Kräften überlassen ist, so schwierig, — um nicht zu sagen, unmöglich, daß er eine Hilfe, eine Gnade von Gott dazu benötigt. In Christus, durch ihn und aus ihm ist die Vergebung möglich. In Christus, dem Retter, ist der Mensch nicht mehr dem Übel von Rivalitäten und Ungerechtigkeiten, Götzenanbetung, der Gewalt und der Faszination des Todestriebes ausgeliefert. Der Herr will für uns durch seine Kirche die gute Nachricht der Versöhnung und des Friedens durch das Licht der Wahrheit und der Barmherzigkeit der Liebe auf Erden erblühen lassen. Dieser Friede und diese Versöhnung sind mit dem Heiligen Geiste die allerersten Gaben des auferstandenen

Jesus an seine Apostel und durch sie an die ganze Menschheit. «*Am Abend dieses ersten Tages der Woche (...) trat Jesus in die Mitte seiner Jünger und sagte zu ihnen: "Friede sei mit euch!" (...) Er hauchte sie an und sprach zu ihnen: "Empfangt den Heiligen Geist! Wem ihr die Sünden vergebt, dem sind sie vergeben; wem ihr die Vergebung verweigert, dem ist sie verweigert*» (Joh 20; 19, 22-23). Wenn man aufmerksam das Sakrament der Versöhnung betrachtet, wenn man seinen ganzen Reichtum und seine ganze Bedeutung erkennen will, dann vermag man in ihm einen der hauptsächlichen Wege zum Frieden und zur Heilung so vieler Menschen zu sehen, welche in ihrer Seele oder in ihrem Gewissen verwundet sind. Pater Jacques Marin ist ganz besonders dazu befähigt, über dieses Sakrament zu sprechen. Seine umfangreichen Kenntnisse, nicht nur über die Welt der Arbeit, sondern aller Lebensumstände, wie er sie bei Begegnungen, Exerzitien und Tagungen, besonders aber durch viele im Beichtstuhl verbrachte Stunden erworben hat, ermöglichen es ihm, seine Erfahrung und sein Nachdenken darüber in den Dienst dieses großen Werkes der geistlichen Erneuerung durch das Bußsakrament zu stellen.

Die erste Wirkung besteht darin, sich der Bedeutung dieses Sakramentes der Versöhnung und des Bösen bewußt zu werden, all jenes Bösen, von dem man durch die Verzeihung befreit wird. Das größte Übel, an welchem der Mensch leidet, und das er am häufigsten zu verdrängen sucht, ist die Sünde. Papst Johannes Paul II. hat in seinem Apostolischen Schreiben «*Versöhnung und Buße*», nach der Bischofssynode von 1984, gesagt: «Das erste Mittel, das der schweren geistlichen Krise, welche auf dem heutigen Menschen lastet, entgegenzuwirken vermag, besteht darin, aufs neue ein waches Gespür für die Sünde zu erwecken.»[1]

Dies erfordert eine echte intellektuelle und spirituelle Klarheit, um nicht länger das, was böse ist, gut zu nennen, um anzuerkennen, daß es objektive Grundlagen des sittlichen Lebens gibt und daß die Handlungen des Menschen einen Sinn und Konsequenzen haben. Der Mensch kann sich selbst nicht wahrhaft begreifen, wenn er nicht anerkennt, daß sein Leben einen letzten Sinn hat und daß seine Handlungen von Bedeutung sind. Wenn man alle Tabus, Gesetze und Pflichten über Bord werfen und um jeden Preis das Schuldbewußtsein vermeiden will, dann treibt man die Menschen und vor allem die Jugendlichen in einen Zustand der Angst, aus dem sie sich nicht mehr zu befreien vermögen. Für den Christen ist das sittliche Leben und die Verantwortlichkeit «eine Frage der Sinnerfüllung des Lebens, noch ehe es eine Frage der zu beobachtenden Regeln ist.»[2] Diese Fülle ist das ewige Leben, dessen Ursprung und Weg Gott selber ist.

«Wenn die Sünde den Bruch der Beziehung der Kindschaft zu Gott darstellt, mit der Absicht, ein Leben außerhalb des Gehorsams zu führen, den man ihm schuldet, so besteht darin nicht nur eine Verleugnung Gottes; sündigen besteht nämlich auch darin, so zu leben, als ob Gott nicht existierte und ihn aus seinem täglichen Leben auszulöschen.»[3]

In unserer Gesellschaft befinden wir uns nämlich, wie es das Schreiben *«Versöhnung und Buße»* außerdem noch betont, in einem Zustand, in welchem Gott ausgeschlossen wird.»[4] Die maßlose Überheblichkeit des modernen Men-

1 Apostolisches Rundschreiben: *Versöhnung und Buße, Nr. 18.*
2 Johannes Paul II., *Der Glanz der Wahrheit, Nr. 7.*
3 Apostolisches Rundschreiben: *Versöhnung und Buße, Nr. 18.*
4 ibd. Nr. 14.

schen besteht darin, sich selbst retten zu wollen, und zwar dank der ständig wachsenden Macht, die er sich in allen Bereichen angeeignet hat. Angesichts dieser Anmaßung des Menschen, sich selbst zu Gott machen zu wollen, ergeben sich so viel Gewalt und so viele Mißerfolge, so viel Tränen und Blut, daß Gott dem allem nur seine unendliche Barmherzigkeit und Unschuld entgegenzusetzen vermag. In der Überfülle dieser Barmherzigkeit wird uns die Befreiung geschenkt und die Freude, gerettet und neu geschaffen worden zu sein; hier wird uns auch die Erkenntnis der Sünde gegeben und die Dankbarkeit, daß man ihre Verzeihung empfängt.

Nur in der Erkenntnis, daß das Heil von Gott stammt und von der Entgegennahme seiner Barmherzigkeit durch die Buße, in der Rückkehr zu Gott als einem überaus liebenden Vater (vgl. Lk 11,32), können die Menschen sich von dem Druck der Sünde befreien, der auf ihnen lastet. «Der liebe Gott ist schneller bereit, einem bußfertigen Sünder zu vergeben als eine Mutter, wenn sie ihr Kind aus dem Feuer zieht», sagte der Pfarrer von Ars.

Angesichts der Verblendung der Geister und der Verdunkelung der Gewissen muß zur Klarheit zurückgefunden werden, und nur in der Vergebung und der Reue vermag sie authentisch zu sein. Statt der Verweigerung der eigenen Verantwortung braucht es das Geständnis, das Wissen um die Barmherzigkeit Gottes und unseres Zustandes als Sünder. Einzig und allein die Demut öffnet uns den Weg der Reue und ermöglicht uns die Bekehrung des Herzens, um zu Gott zurückzukehren, dessen göttliches Herz der Hafen des Friedens und die Ruhe für die Seele ist (vgl. Mt 11,29).

In diesem Buch stellt uns Pater Marin eine Pädagogik des Sakramentes der Versöhnung vor Augen, um uns zu helfen, besser zu beichten und uns wirksamer zu bekehren. Zahlreiche Texte aus der Heiligen Schrift sind hierin zu finden, sowie Zitate des heiligen Pfarrers von Ars, und so ist dieses Werk auch eine kleine Abhandlung über das geistliche Leben, und zwar ausgehend von der Versöhnung. Hier werden deren wesentliche Schritte und ihre Früchte beschrieben und erklärt. Es wird daran erinnert, daß das Sakrament der Versöhnung auch ein Sakrament der inneren Heilung ist. «Die Kirche sieht in diesem Sakrament einen therapeutischen oder medizinischen Aspekt»[5], sagt Papst Johannes Paul II. «Es ist schön zu denken», sagt auch der heilige Pfarrer von Ars, «daß wir ein Sakrament haben, welches die Wunden unserer Seele heilt.» Christus ist für die Seele und für den Leib gekommen, um all das zu heilen, was die menschliche Schwachheit und Hinfälligkeit an Wunden bei sich selbst oder bei anderen verursacht hat. Die Früchte der Beichte sind die gleichen wie jene des Heiligen Geistes: *«Liebe, Freude, Friede, Langmut, Güte ...»* (Ga 5,22). Es genügt nicht, den anderen zu verzeihen, man muß sich auch mit sich selbst versöhnen, und das ist ohne Zweifel die schwierigste Aufgabe, aber sie wird möglich im Wirken der Gnade des Sakramentes und in der Geduld Gottes, der man die Zeit lassen muß, zu handeln und den Frieden in uns herzustellen. Schließlich ist die Versöhnung auch ein Sakrament, das in der christlichen Gemeinschaft seine Ausstrahlungskraft entfaltet. Sie vermag auf diese Weise zu wachsen im Glauben und in der Liebe, in der Freude und in der Hoffnung. Dieses Sakrament stärkt auch das Zusammengehörigkeitsgefühl der Eheleute und das Familienleben, wo es ermöglicht, über Verständigungs-

5 Apostolisches Rundschreiben: *Versöhnung und Buße, Nr. 31.*

schwierigkeiten und kritische Zeiten hinwegzukommen. Es erneuert die Haltung der Gläubigen in ihrer Arbeitswelt und im Gemeinschaftsleben.

Die Christen fragen sich manchmal, warum die durch Christus bewirkte Erlösung im Leben der Menschen einen so geringen Einfluß hat. Ob vielleicht etwas daran fehlt? Könnte sie etwa unvollständig sein, unvollendet, nicht wahrhaft und ganz vollzogen? Nein, denn «*mit seinem eigenen Blut hat Christus eine ewige Erlösung bewirkt*» (Hebr 9,12). In Wirklichkeit besteht einer der Gründe, warum das Heil der Erlösung sich nicht stärker in der Welt ausbreitet, darin, daß es nicht genug erwartet, erkannt und aufgenommen wird, was besonders für das Sakrament der Versöhnung gilt. Die Vergebung ist eines der größten Geschenke Gottes an den sündigen Menschen. Es ist das Sakrament des neuen Lebens in Christus, die neue Vergegenwärtigung der Taufgnade. Es ist die Quelle und die Kraft einer erneuerten Freiheit, um auf dem Weg des Lichtes und des Friedens zu wandeln, um die Barmherzigkeit Gottes auszustrahlen in einer Welt, die so sehnsüchtig danach verlangt.

Mai 1995,
Albert-Maria de Monléon, O.P.
Bischof von Pamiers

EINFÜHRUNG

Ein Sakrament der Liebe

«Um das Sakrament der Buße zu empfangen,
sind drei Dinge nötig:
der ***Glaube,***
der uns im Priester Gott erkennen läßt;
die ***Hoffnung,*** *die uns glauben läßt,*
daß Gott uns die Gnade der Vergebung schenkt;
die ***Liebe,*** *die uns dazu führt, Gott zu lieben,*
und die das Herz mit Bedauern darüber erfüllt, ihn beleidigt zu haben.»

(Der heilige Pfarrer von Ars)

Das Sakrament der Versöhnung ist in erster Linie ein Sakrament der **Liebe.**

In einer guten Beichte sieht es so aus, als ob man von nichts anderem spricht als von Sünde und Vergebung, in Wirklichkeit aber ist alles nichts anderes als Liebe. Die Liebe Gottes ist hier immer gegenwärtig, weil er getreu ist; und außerdem lebt hier auch unsere Liebe, welche bereut und den Weg der Rückkehr beschreitet.

Dieses Ereignis ist deshalb so außerordentlich, weil es die Versöhnung bewirkt, und zwar dort, wo unsere Menschheit mit ihren eigenen Kräften nicht weiterkommt.

Die Gnade Gottes aber ist anwesend, und sie ermöglicht es uns, an dieses Wunder zu glauben, und es ist wirklich ein Wunder, um das es sich handelt und das sich jedesmal im Sakrament der Versöhnung vollzieht: das **Wunder der Liebe**.

Was ist das, ein Wunder? Es handelt sich hier um ein außerordentliches Ereignis, bei dem wir durch den Glauben das Wohlwollen Gottes erkennen können. Es ist wirklich wahr, daß bei jeder unserer Beichten Gott dort eingreift, wo die Menschen es nicht zu tun vermögen. In seiner Barmherzigkeit bewirkt er es durch seine Allmacht, die unser Begreifen übersteigt: deshalb handelt es sich um ein «Wunder». In diesem Fall ist es also nicht der Mensch, der sich auf die Suche nach dem Wunderbaren begeben hat, sondern Gott, der für ihn Wunder wirken will: das ist das Leben der Jungfrau Maria, und das ist auch das unsrige: «Der Mächtige hat Großes an mir getan, und sein Name ist heilig» (Lk 1,49). An uns liegt es nun, uns auf die Suche zu begeben nach den Schätzen seiner Liebe im Sakrament der Versöhnung. Wie steht es aber in diesem Punkte mit uns?

«Niemand hat mich jemals gelehrt, wie man beichten soll!» Wie viele Priester haben wohl schon dieses Wort gehört? An seinem bescheidenen Platz möchte dieses Buch diese so folgenschwere Lücke auszufüllen suchen, oder vielmehr sie zum Teil auszufüllen, denn wir «wissen» niemals, wie wir beichten sollen, die Priester nicht mehr als die Gläubigen, und zwar in dem Sinne, daß wir hier immer weiter fortschreiten können und müssen. Die Lücke ausfüllen …, das ist ein großes Wort, für das nur diese wenigen Zeilen zur Verfügung stehen! Dieses bescheidene Buch hat nicht den Ehrgeiz, erschöpfend zu sein für jene Fragen, die die Lehre betreffen, und auch nicht für all das, was sich an praktischen Fragen ergibt.

Zwei große Hindernisse stellen sich der Beichte in den Weg: die Unkenntnis und die Gleichgültigkeit. Um ihnen entgegenzuwirken, wollen wir nun versuchen, alle Stufen zu beschreiben, die zu diesem Sakrament gehören, und ihren Inhalt und Reichtum aufzuzeigen. Es folgen dann einige praktische Ratschläge, die es ermöglichen werden, «bessere Beichten abzulegen»; vor allem aber muß man hier auf die Gnade Gottes zählen, denn «aus Gnade seid ihr gerettet» (Eph 2,5):

— Es ist unmöglich, Jesus zu lieben, wenn wir nicht zu gleicher Zeit die Sakramente lieben, welche er eingesetzt hat.

— Es ist unmöglich, dieses schöne Sakrament der Versöhnung zu lieben, wenn wir nicht wissen, was dabei vor sich geht, vollständig oder doch wenigstens zum Teil.

— Es ist unmöglich, im Verlangen nach der Beichte durchzuhalten, wenn wir nicht die Erfahrung der geistlichen Früchte gemacht haben, die es uns zukommen läßt.

— Ebenso ist es unmöglich, in die Tiefen des Reichtums dieses Sakramentes einzudringen, ohne sich an die Ratschläge zu halten, die die praktische Durchführung betreffen.

Genauso wahr ist aber auch, daß «das, was für Menschen unmöglich ist, für Gott möglich ist» (Lk 18,27).

Der Herr aber hat es so angeordnet, sich der Menschen zu bedienen, indem er die Priester zu seinen Dienern erwählte, und er lädt die Büßenden ein, zu kommen und dieses Sakrament zu empfangen. Nun muß man sich jedoch ernsthaft die folgende Frage stellen: Wie haben wir dem Vertrauen entsprochen, das der Herr uns entgegenbringt? **Er bietet uns die Gnade seiner Barmherzigkeit an. Was haben wir daraus gemacht?** Wie halten wir es heute, wir, die Priester und die Laien?

Wir wissen, daß das im Glauben empfangene Sakrament der Versöhnung die Glut und den Eifer der Kirche erneuert. Dieses Sakrament trägt zur persönlichen Heiligung bei und erwirkt die Schönheit des Gottesvolkes. Deshalb sind Priester nötig, die leider jedoch vielerorts fehlen, und es besteht ein Zusammenhang zwischen den Berufungen zum Priestertum und der Sakramentenspendung, die ja die Aufgabe des Priesters ist. Daher kann man sich fragen, ob nicht in dem Maße, wie die Christen sich entschließen, regelmäßig zur Beichte zu gehen, der Herr dafür sorgen wird, die notwendigen heiligmäßigen Priester für seine Kirche zu senden.

Wenn alle Getauften an dieses Sakrament glauben würden, dann würde die Einheit der Kirche gestärkt, und so würde ein großer Beitrag für den Frieden geleistet, den unsere Welt für ihre Entfaltung so nötig hat.

An dieses Sakrament zu glauben, das heißt, an die Barmherzigkeit Gottes zu glauben, das bedeutet auch, sie in Wahrheit nach dem Herzen Gottes zu praktizieren. Durch ein solches Verhalten würde das Herz jedes einzelnen umgewandelt werden zum Wohl der Kirche und der Welt.

Durch seine Barmherzigkeit, durch welche Gott die Menschen ruft, will er unsere Welt retten, in der die Aggressivität so beherrschend ist. Wie soll man aber an dieses durch Jesus und in Jesus geschenkte Heil glauben, wenn nicht durch das Zeugnis der Zeugen seiner Barmherzigkeit? Und wie soll man an diese Zeugen glauben, wenn sie selbst nicht die Zärtlichkeit Gottes ausstrahlen?

Es ist wahr, die Welt wartet auf dieses **Zeugnis**. Das Evangelium verkünden, das heißt, von der Liebe des Vaters zu sprechen und von seiner Barmherzigkeit gegenüber all seinen Kindern.

Der Verkünder des Evangeliums muß dem Worte auch das Tun hinzufügen, um glaubwürdig zu sein; und dieses Tun besteht darin, zunächst einmal selbst diese Barmherzigkeit zu leben. Wie kann man sie aber in Wahrheit leben, wenn man sich nicht dazu entschließt, jenes Sakrament zu empfangen, das Jesus eigens dafür vorgesehen hat?

Ist die Beichte also eine Verkündigung des Evangeliums? Ja, in der Tat, sie ist der erste Schritt dazu. Die Verkündigung des Evangeliums muß unbedingt hiermit beginnen. Man kann die Barmherzigkeit nicht ausüben, wenn man sie nicht von Gott empfangen hat, und sie nimmt den Weg über dieses Sakrament. Nachdem Petrus Jesus verleugnet hatte, durfte er die Erfahrung der göttlichen Barmherzigkeit machen. So konnte er am Morgen des Pfingsttages predigen und von der Barmherzigkeit sprechen, und es gab dreitausend Bekehrungen.

Die Welt wartet auf eine große Umwandlung. Manche stellen sich eine Erschütterung vor. Die Sekten verkündigen sie. Wir aber erwarten nichts derart Magisches. Es ist Sache jedes einzelnen, sich ernsthaft für die Gottes- und Nächstenliebe einzusetzen, um zu einer das Gute herstellenden Revolution zu gelangen: **zur Revolution der Liebe.** Sie wird in der Versöhnung beginnen, die im Sakramente gegeben wird. Es geht um das Heil der ganzen Welt, denn Jesus ist ihr Retter, der Retter aller und jedes einzelnen. Als Antwort auf eine solche Liebe, in der Jesus für uns alles hingegeben hat, könnte es da möglich sein, daß es auf dieser Erde ein einziges Herz geben kann, welches das Blut des Gottessohnes zurückzuweisen vermag, das er am Kreuzesholz vergossen hat?

Dieses «Ja» zum Opfer Jesu am Kreuz vollzieht sich durch das Sakrament. Darum ist die Versöhnung, die wirklich gelebt wird, nichts anderes als die Liebe Gottes, der sich dahingibt.

Mögen doch diese Zeilen vielen Menschen in stärkerem Maße helfen, tiefer in diese Reichtümer einzutreten, «in dieses Herz, welches die Menschen so sehr geliebt hat» (Jesus zur heiligen Marguerite-Marie).

Der Weg wird in folgenden Etappen vor sich gehen:

— Jesus kommt zuerst, um unser Herz zu berühren.

— Mit der Gnade Gottes haben wir einen Weg zu beschreiten.

— Nach der Verzeihung erscheinen die Früchte des Sakramentes.

— Auf dem Gipfel der Liebe steht die Versöhnung.

In der Begegnung mit unserem Gott der Liebe

«Ich bin der Herr, dein Gott,
der zu dir sagt: Fürchte dich nicht,
ich werde dir helfen» (Jes 41,13).

KAPITEL I

1. Eine Begegnung der Liebe mit Jesus.
2. In Jesus ist das Mitleid des Vaters, der zu uns kommt.
3. Von ganzem Herzen die göttliche Barmherzigkeit entgegennehmen.
4. Mich lieben lassen in meinem ganzen Elend.
5. Vergib mir, wie auch ich meinem Bruder vergeben habe.

Um irgendeines der Sakramente zu empfangen, müssen wir in der rechten Weise vorgehen, wenn auch die Gnade Gottes in unserem Leben immer den ersten Platz innehat. Bei der Begegnung mit Gott ist es nämlich stets der Herr, der den ersten Schritt tut, denn *«nicht darin besteht die Liebe, daß wir Gott geliebt haben, sondern daß er uns geliebt und seinen Sohn als Sühne für unsere Sünden gesandt hat»* (1 Joh 4,10), sagt uns der heilige Johannes.

Die Geschichte des Menschen mit seinem Gott ist vor allem eine Beziehung der Liebe, wie unermeßlich groß auch immer die Liebe Gottes ist und wie tief das Elend des Menschen, denn «*Gott ist die Liebe*» (1 Joh 4,16).

Hierin liegt das ganze Problem: Wird der Mensch sich endlich von Gott lieben lassen? Das wird möglich sein unter der Bedingung, daß er in ihm seinen Vater sieht und sich selbst als sein Kind betrachtet.

Die Ausübung des Sakramentes der Versöhnung ist also der unumgängliche Prüfstein, um die Richtigkeit der Beziehung vom Menschen zu Gott feststellen zu können. Jeder Christ, der sich die Frage stellt: «Wie steht es mit meinem Verhältnis zu Gott, an den ich glaube?», findet die Antwort in dieser zweifachen Frage: Wann war meine letzte Beichte? Und mit was für einem Herzen habe ich mich in diesem Sakrament der Begegnung mit meinem Gott gestellt?

1. Eine Begegnung der Liebe mit Jesus

> *«Ich traue mich dir an auf ewig, (...) ich traue mich dir an, um den Brautpreis von Liebe und Erbarmen. Ich traue mich dir an, um den Brautpreis meiner Treue: dann wirst du den Herrn erkennen»* (Hos 2,21-22).

Die Liebe Gottes erstreckt sich auf alle, aber auch ganz persönlich auf mich: davon muß ich ganz fest überzeugt sein. Wer sich danach sehnt, geliebt zu werden, der geht ganz spontan der Liebe entgegen, und am Kreuze geschah es, daß Jesus die ganze Fülle seiner Liebe über mich ausgegossen hat: «Der *Sohn Gottes hat mich geliebt und sich für mich hingegeben»* (Gal 2,20), ruft der heilige Paulus aus.

Eine Entscheidung, die getroffen werden muß

Wenn man sich zum Empfang des Sakramentes der Versöhnung begibt, dann geht man damit dieser ganz besonderen Liebe entgegen, die Jesus für mich empfand und noch immer alle Tage für mich empfindet.

Zu Ihm gehen ..., das ist nicht leicht zu leben, aber dennoch, Jesus wartet auf mich, er, der gekommen ist, um mir die Liebe des Vaters ins Gedächtnis zu rufen, die Liebe dessen, der auf der Schwelle seines Hauses die Rückkehr des Verlorenen Sohnes erwartet, welcher danach vielleicht wieder undankbar ist und abtrünnig wird.

Um dieses Vorgehen ins Werk zu setzen, gilt es eine Entscheidung zu treffen. Sie kann schwierig sein, aber anschließend legen sich die Hindernisse. Gott ergreift die Initiative, um das Herz des Sünders zu berühren, und das geschieht niemals mit der drohenden Haltung eines Untersuchungsrichters, sondern mit dem Herzen eines Vaters, der niemals aufgehört hat, sein Kind zu lieben. Ganz im Gegenteil, die langen Jahre des Wartens haben sein Herz nur noch liebevoller werden lassen.

> Diese Erfahrung machte ich, als ich einmal nach Ars gekommen war. Es war an einem Wintertag; ich befand mich auf einer persönlichen Pilgerreise, und ich nahm mir die Zeit, eine oder zwei Stunden vor dem Reliquienschrein des heiligen Pfarrers zu beten. Da näherte sich mir eine Dame von etwa fünfzig Jahren und fragte mich: «Herr Pater, kann ich beichten?» Ich empfing sie dazu sofort in einer Kapelle der Basilika. Dann grüßte sie mich und sagte: «Ich bleibe jetzt nur noch hier, um meine Freundin wiederzufinden, welche die Liebenswürdigkeit hatte, mich hierher zu fahren, und dann können wir unverzüglich wieder fortfahren. Wie kommt es, daß Sie gerade in diesem Augenblick anwesend waren, um meiner Bitte zu entsprechen?» — Gott hatte alles vorgesehen.

Das Schwierigste war der Entschluß dazu gewesen, und die Kraft wurde ihr gegeben, nachdem ihr Herz berührt worden war. Die Anstrengung der sechshundert Kilometer, die sie an diesem Tag zurückgelegt hatte, war für sie nicht der Rede wert. Sie hatte sich für dieses Sakrament zu diesem gesegneten Orte hingezogen gefühlt. Es war so, als ob der heilige Pfarrer immer noch in seinem Dorfe anwesend wäre. Zwar ist er hier nicht körperlich zugegen, aber er ist hier durch seine Fürsprache im Himmel für die armen Sünder, die wir sind. Wenn man ihn anruft, so erlangt man große Gnaden der Reue, man muß sie allerdings auch annehmen.

Zur Beichte zu gehen, das ist die Entscheidung, zur Liebe zurückzukehren, und zwar zur wahren Liebe; und auf dem Weg der Demut wird die Freiheit möglich, diesen Schritt zu tun. Das bedeutet, diese Begegnung mit Gott nicht als eine «Pflicht», eine Last oder eine Demütigung anzusehen, sondern als eine Begegnung mit der Liebe, dort, wo der Herr uns erwartet. Diese Begegnung der Liebe, geschieht sie nicht auch in der Ehe, wo beide einander vergeben müssen? Denn dadurch finden die Ehegatten die Liebe wieder in der Barmherzigkeit. Wenn sie sich aber weigern, diese Begegnung in der Liebe stattfinden zu lassen, sie, die sich doch die Treue für das ganze Leben versprochen hatten, so werden sie dadurch nur noch mehr verletzt. Die Versöhnung ist eine Angelegenheit der Liebe, die in gegenseitigem Vertrauen gelebt wird. Dieses ist immer unerläßlich.

Ebenso ist es auch bei unserer Begegnung mit dem Herrn: denn da Gott in sich selbst die Liebe ist, haben wir in noch stärkerem Maße die absolute Gewißheit, daß die

Verzeihung uns gegeben wird. Wer von Gott oder von seinem Bruder die Verzeihung für seine Fehler empfängt, nachdem er darum gebeten hatte, der ist bereits in den Bereich der Liebe zurückgekehrt. Das ist richtig und bestärkend, aber man muß auch zunächst den Wunsch haben, den notwendigen Schritt zu unternehmen.

Es darf nichts verloren gehen von der Liebe Jesu zu uns

Im Sakrament der Versöhnung gibt es zwei Herzen, die einander begegnen, das Herz Gottes und das des Kindes, das zu seinem Vater heimkehrt. So ist die häufige Beichte nicht länger ein Gebot, sondern ein Bedürfnis. Es ist das Verlangen des Herzens, das es nicht erträgt, noch länger von Dem entfernt zu sein, von dem es doch alles empfangen hat: «Aus *seiner Fülle haben wir alle empfangen, Gnade über Gnade*» (Joh 1,16).

Die Eucharistie und die Ehe sind Sakramente des Bundes Gottes mit den Menschen, und, wie jeder weiß, Sakramente der Liebe. Aber auch das Sakrament der Versöhnung ist ein Sakrament der Liebe, denn es stellt den Bund und die Liebe wieder her. Deshalb ist es nicht lediglich der freien Wahl überlassen, sondern unbedingt notwendig. Wer es verweigert, der verweigert die Liebe Gottes. Gott hat nämlich in seiner unendlichen Güte nur eine einzige Eile, nämlich die, uns seine Barmherzigkeit zu schenken. Das ist seine Art und Weise des Liebens, wobei er von unserem Dasein als Sünder ausgeht; und welcher Schmerz ist für das Herz Gottes der Gedanke, daß diese von ihm geschenkte Liebe verloren sein könnte. Die heilige Theresia vom Kinde Jesus hat diese Undankbarkeit der Menschen gut verstanden:

> «An einem Sonntag betrachtete ich ein Bild von Jesus am Kreuz; ich war zutiefst ergriffen von dem Blut, das aus einer seiner Hände floß, und ich empfand einen großen Schmerz beim Gedanken daran, daß dieses Blut auf die Erde fließen könnte, ohne daß jemand sich beeilte, es aufzufangen. Da beschloß ich, mich im Geiste am Fuße des Kreuzes aufzuhalten, um den göttlichen Tau zu empfangen, der von dort herabfloß, und ich verstand, daß man diese kostbare Gabe sodann den Seelen austeilen müsse...»[6]

In diesem Moment fühlte Theresia ihr Herz berührt, und, obwohl sie gerade erst dreizehneinhalb Jahre alt war, opferte sie bereits ihr Leben auf, um am Fuß des Kreuzes auszuharren. Sie steht da an Stelle all der vielen Sünder, die sich alle Tage dieser Begegnung mit der Liebe verweigern. Und dies ist es, was sie im Karmel ganz erfüllt:

> «O mein Gott! Wird deine abgewiesene Liebe in deinem Herzen verbleiben? Es scheint mir, daß dann, wenn du Seelen fändest, die sich dir als Schlachtopfer der Liebe weihen würden, du sie schnell ganz in dich aufnehmen würdest, und es scheint mir, daß du glücklich sein müßtest, die in dir eingeschlossenen Fluten deiner unendlichen Zärtlichkeit nicht länger zurückhalten zu müssen ... O mein Jesus! Ich selbst möchte dieses glückliche Schlachtopfer sein, verzehre dieses dein Ganzopfer durch das Feuer deiner göttlichen Liebe!»[7]

Hier ist also eine Begegnung der Liebe, um die Liebe zu heilen oder wiederzufinden: das ist es, was Jesus von uns

6 Manuscrits Autobiographiques, S. 117.
7 ibd. S. 208.

erwartet. In dieser wiedergefundenen innigen Verbundenheit, wem könnte es da noch möglich sein, Den zurückzuweisen, der uns so sehr geliebt hat, und nicht hinzugehen, um das Blut aufzufangen, das für uns von seinem Kreuz geflossen ist? Pascal schreibt dazu: «Diesen Tropfen Blut habe Ich für dich vergossen.»

Es ist die Liebe des Vaters, die dir seinen Sohn gegeben hat, und indem er das tat, hat er dir alles gegeben. Jeden Tag kannst du im Gebet dem Herzen des Vaters begegnen. Dafür hat Jesus uns das «Vater unser» gegeben.

Weil du zunächst sein Kind bist, begegnest du Gott alle Tage mit deinem Herzen. Oft wirst du indessen die Versuchung verspüren, deine eigenen Gedanken zwischen den Herrn und dich selber einzuschieben. Du bildest dir dann ein, du wärest Gott begegnet. Sehr schnell wirst du dir aber bewußt, wie sehr es dir unmöglich ist, ihn wirklich zu ergreifen. Du erkennst dann den Abgrund, durch den du von ihm getrennt bist; denn er ist der ganz andere, er ist dein Schöpfer, und du denkst, daß dieses Gefälle zwischen ihm und dir seine Ursache darin hat, daß du eben ein armseliges Geschöpf bist. Das ist zwar nicht falsch, aber auch nicht ganz richtig. Wenn man dabei stehen bliebe, wäre es schade. Der wirkliche Abstand liegt nämlich noch wesentlich tiefer: er befindet sich auf der Ebene des Herzens, und es gibt viele, die das nicht sehen oder nicht wissen. Sei daher ohne zu zögern zu dieser Beziehung von Herz zu Herzen mit deinem Gott bereit. Wie ein Vater erwartet er dich. Laß dich lieben, und zwar unter allen Umständen, besonders in Verbindung mit deinem Elend und deiner Sünde. Darum muß man den Geist der Welt verlassen, der durch vernunftgemäßes Nachdenken berechnet oder organisiert; statt dessen soll man in den Geist kindlicher Hingabe eintreten, wo man mit freiem Herzen sein ganzes Vertrauen auf Gott setzt. Dann handelt es sich nicht mehr sozusagen um eine geschäftliche Verbindung, wo man «mit guten Geschäften gute Freunde erwirbt», sondern um «eine Begegnung der Liebe». Die einzig gültige Richtlinie im Umgang mit dem Herrn soll für dich diese Hingabe an das erbarmende Herz des Vaters sein.

Wenn du glaubst, daß der Augenblick gekommen ist, zur Beichte zu gehen, dann laß zuerst einmal dein Herz sprechen; dein Gedächtnis aber erst an zweiter Stelle, um dich an deine Sünden zu erinnern. Betrachte zunächst den Herrn und sieh, welche unermeßliche Liebe er für dich empfindet. Dann wirst du ganz beruhigt sein, und das Beichten wird für dich gar nicht mehr schwierig sein. Du wirst dann sehr schnell bemerken, daß es zunächst Er ist, der auf dich gewartet hat, sogar schon bevor du den Wunsch verspürt hattest, dich zu dieser Begegnung mit ihm aufzumachen, denn «Gott ist größer als unser Herz, und er weiß alles» (1 Joh 3,20).

2. In Jesus ist es das Mitleid des Vaters, der zu uns kommt

«Nicht der Sünder ist es, der zu Gott zurückkehrt, um ihn um Verzeihung zu bitten, sondern Gott selbst läuft dem Sünder entgegen und lädt ihn ein, zu ihm zurückzukommen»[8], sagt uns der Pfarrer von Ars.

Jesus hat das Elend des reichen Zachäus gesehen. Er hat das Elend seines Herzens erkannt, und sogleich lädt er sich zu ihm ein: «Zachäus, komm schnell herunter! Denn ich muß heute in deinem Haus zu Gast sein» (Lk 19,5).

Jesus setzt sich an den Tisch der Sünder, weil sie zu ihm nicht kommen können: *«Levi gab für Jesus in seinem Haus ein großes Festmahl. Viele Zöllner und andere Gäste waren mit ihnen zu Tisch»* (Lk 19,5). Johannes sagt uns: «Er hat uns zuerst geliebt» (1 Joh 4,19). Und er liebt uns mitten in unserem Elend: *«Als er die vielen Menschen sah, hatte er Mitleid mit ihnen; denn sie waren müde und erschöpft, wie Schafe, die keinen Hirten haben»* (Mt 9,36).

Es ist zuerst ein Blick des Mitleids, den Jesus auf die Menschen wirft, die er zu retten wünscht, und dieser Blick dringt bis ins Innerste ihres Herzens vor. Jesus sieht das Herz des Menschen: *«Er wußte, was im Menschen ist»* (Joh 2,25), sagt uns der heilige Johannes.

Jesus blickt den Gelähmten an. Die Volksmenge erblickt einen Kranken, der in seinem Körper leidet; Jesus aber sieht auch seine Seele in Verwirrung. Sofort sagt er zu ihm: *«Hab Vertrauen, mein Sohn, deine Sünden sind dir vergeben!»* (Mt 9,2). Er brauchte weniger Zeit, um das Verlangen sei-

---

8 B. Nodet, *Jean-Marie Vianney, Curé d'Ars,* Ed. X. Mappus, S. 132.

ner Seele zu sehen, als seine ganze Umgebung, um die Lähmung festzustellen, wegen derer man ihn auf einer Tragbahre herbeibringen mußte. Die Menge hat das Seelische nicht gesehen. Die Pharisäer aber das Geschehen mit unguten Augen beobachten: «Er lästert Gott. Wer kann Sünden vergeben außer dem einen Gott?» Dann aber können sie nicht länger die Augen verschließen, sie sehen, und sie werden zum Glauben ermahnt: *«Ihr sollt aber erkennen, daß der Menschensohn die Vollmacht hat, hier auf der Erde Sünden zu vergeben.»* Darauf sagte er zu dem Gelähmten: *«Steh auf, nimm deine Tragbahre und geh nach Hause!»* (Mt 9, 3-6; Mk 2,7). Und die Volksmenge gibt Gott die Ehre.

Warum aber hatte sich eine so große Volksmenge um Jesus versammelt? Weil *«Gott sein Volk besucht und ihm Erlösung geschaffen hat»* (Lk 1,68). Auch heute noch ist der Blick, den Jesus auf jeden von uns richtet, ein persönlicher Anruf an uns, daß auch wir zu ihm kommen, ganz ohne Furcht.

Das angerührte Herz

Gewiß, eine gottesdienstliche Feier, die die Anwesenden zur gemeinsamen Reue über ihre Sünden hinführen soll, ist sehr wichtig, aber ohne das persönliche Bekenntnis der eigenen Sünden ist es zwecklos, eine echte Bekehrung zu erwarten, denn diese ist etwas Persönliches. Es ist das Herz eines jeden, das Jesus berühren will, damit wir uns der göttlichen Barmherzigkeit zu nähern vermögen.

In der Beichte ist es das Mitleid Jesu, das zu uns kommt in der Person des Priesters, der uns empfängt. Das Mitleid aber kennt kein unerbittliches Gericht und keine Verurteilung:

> *«Da richtete Jesus sich auf und sagte zu ihr: "Frau, wo sind sie geblieben? Hat dich keiner verurteilt?" Sie antwortete: "Keiner, Herr." Da sagte Jesus zu ihr: "Auch ich verurteile dich nicht. Geh und sündige von jetzt an nicht mehr"»* (Joh 8,1-12).

Jesus nimmt die Lehre des Alten Bundes auf und erfüllt die Verheißung des Propheten:

> *«Nur für eine kleine Weile habe ich dich verlassen, doch mit großem Erbarmen hole ich dich heim: Einen Augenblick verbarg ich vor dir mein Gesicht, in aufwallendem Zorn; aber mit ewiger Huld habe ich Erbarmen mit dir, spricht dein Erlöser, der Herr»* (Jes 54,7-8).

So bekundet uns Jesus durch sein ganzes Leben **die Liebe des Vaters.** Er ist es und seine väterliche Liebe, die uns zu enthüllen Er gekommen ist: Dem Philippus, der auf der Suche ist nach dieser göttlichen Liebe, wird Jesus antworten:

> *«Wer mich gesehen hat, hat den Vater gesehen. Glaubst du nicht, daß ich im Vater bin und daß der Vater in mir ist?»* (Joh 9-10).

Nach seiner Auferstehung wird Jesus sagen: *«Wie mich der Vater gesandt hat, so sende ich euch»* (Joh 20,21). Im Herzen dieser Sendung stellt der Priester wahrhaft und wirksam die geistliche Vaterschaft dar, die ihm in seinem Priestertum gegeben worden ist, und diese wird ganz besonders im Dienste dieses Sakramentes ausgeübt. So bekundet er sowohl die Güte als auch die Festigkeit eines Vaters. Der Büßende seinerseits muß diese Vaterschaft anerkennen. Tut er das nicht, wenn er sich in der Beichte sowohl an Gott, den Vater, als auch an den Priester wendet, indem er die Verzeihung seiner Sünden erbittet?

Wer im Glauben die Wirklichkeit der geistlichen Vaterschaft des Priesters erkannt hat, für den wird es dann sehr viel leichter sein, zur Beichte zu gehen.

Um die Wichtigkeit dieses Sakramentes wiederzufinden und ebenso den Platz, den der Priester dabei innehat, ist es oft notwendig, sich belehren zu lassen:

> Als in einer geistlichen Begegnungsstätte Exerzitien stattfanden, erlebte dort ein Mann, der seine Gattin dorthin begleitet hatte, eine wirkliche Bekehrung. Um die Wahrheit zu sagen: seine Frau war schon dreimal dorthin gekommen, um allein an geistlichen Übungen teilzunehmen. Dieser Mann war echt gläubig, und er machte keinen Hehl daraus. Für ihn aber waren die Sakramente eine Art Andachtsübung und daher zur freien Wahl gestellt. Und dies ist das Zeugnis, das er vor allen Anwesenden am Ende dieser Exerzitien gab:
>
> «Wie ist es nur möglich, daß ich in diesem Punkte so sehr wie mit Blindheit geschlagen war? Ich war gekommen, um meine Frau zu begleiten und auch, um zu beten, denn schließlich bin ich ein Christ. Aber ich konnte mir nicht vorstellen, bis zu welchem Punkt ich aus der Religion eine «Nebensächlichkeit» gemacht hatte, indem ich mir davon das nahm, was mir gefiel und meinen Gedankengängen entsprach, alles andere aber beiseite ließ. Mehrere Male war ich schon auf Worte des Evangeliums gestoßen, die mich aufgerüttelt und angetrieben hatten, einen Schritt zu tun. Dieses Mal hatte dieser Schritt darin bestanden, allein einen Priester aufzusuchen, und sehr schnell kam mir eine

Erleuchtung, und ich sagte: "Ich muß unbedingt beichten." Gesagt, getan! Es ist viel einfacher als man es sich vorstellt: Ich habe gespürt, wie Gottes Güte sich bekundete, von der ich zuvor hauptsächlich nur durch den Verstand etwas wußte. Stellen Sie sich vor, es sind 35 Jahre her, daß ich nicht zur Beichte gegangen bin ..., seit meiner Erstkommunion. Gott versteht zu warten; seine Geduld hat mich erschüttert, ich bin innerlich ganz aufgewühlt.»

Wenn man Jesus in seiner Passion betrachtet

In der Tat, Jesus wartet auf uns, und er wartet auf uns in der Betrachtung seines Lebens, das er für uns Sünder geopfert hat.

Jesus spricht zu uns von seinem Leiden und von seinem Mitleid angesichts seines Volkes, das noch immer diese Gemeinschaft des Herzens mit ihm verweigert:

> *«Jerusalem, Jerusalem, du tötest die Propheten und steinigst die Boten, die zu dir gesandt sind. Wie oft wollte ich deine Kinder um mich sammeln, so wie eine Henne ihre Küken unter ihre Flügel nimmt; aber ihr habt nicht gewollt»* (Lk 13,34).

Und so ist es in der Karwoche:

Die Menge schreit: «Kreuzige ihn!», und Jesus schreitet von Leiden zu Leiden in seine Passion. Die christliche Tradition spricht zu uns von vierzehn Kreuzwegstationen und vom Mitleid Mariens, die aufrecht am Fuße des Kreuzes steht.

In dieser Betrachtung der Passion Jesu, welche bis zum Tod am Kreuze geht, können wir unsere besten Beichten vorbereiten.

Darum ist es gut, vor einem Kreuz unser Sündenbekenntnis abzulegen, weil Jesus von der Höhe des Kreuzes aus sein Blut für uns vergossen hat: *«Durch sein Blut haben wir die Erlösung, die Vergebung der Sünden nach dem Reichtum seiner Gnade»* (Eph 1,7).

Jesus liebt dich ganz und gar, so wie du bist. Nachdem du dieser Begegnung mit der Liebe zugestimmt hast, mußt du dir jetzt die Zeit nehmen, das Mitleid dessen anzunehmen und zu «verkosten», der dich so sehr geliebt hat, daß er sein Leben für dich hingegeben hat. Das ist es, was dich «retten» wird. In einer solchen in innerer Sammlung gelebten Beziehung der Liebe wirst du bemerken, daß du selbst dich nicht auf der Höhe seiner Liebe befindest, und sogleich steigt die Dankbarkeit aus deinem Herzen auf. Und dann wirst du entdecken, daß alles, wirklich alles in dir es unbedingt nötig hat, gerettet zu werden. Wie soll man sich aber vorstellen und daran glauben können, daß so etwas möglich sei? Indem du dir zuerst die Zeit nimmst, den Herrn in seiner Güte und Allmacht zu betrachten. Dann wird dein geistliches Auge sehen, wie er sich über dich neigt, nicht in der Herablassung eines höheren Wesens, sondern mit einem so unendlich weiten Herzen, wie nur der Herr es haben kann.

In der Kontemplation und in der Anbetung findest du durch Jesus, der dich zu sich gerufen hat, das Mitleid des Vaters mit seinem Kind, dieses Mitleid, das sich dir bekundet, nachdem du dieser Begegnung der Liebe zugestimmt hast. Dann erkennst du, bis zu welchem Punkte Gott dich geliebt hat, und diese Erkenntnis wird deine Fassungskraft übersteigen. Im gleichen Augenblick aber, als er sich über dich beugte, hast du einen **Vater** gesehen und konntest du befähigt werden, das Herz eines Kindes zu haben. *«Seht, wie groß die Liebe ist, die der Vater uns geschenkt hat: Wir heißen Kinder Gottes, und wir sind es!»* (1 Joh 3,1).

Um sich in der Beichte Gott in der rechten Weise zu nähern, muß man sie empfangen mit einem einfachen Herzen, mit dem Herzen eines Kindes. Dies ist ein Geschenk, welches in der Kontemplation und im Glauben gegeben wird: *«Wir haben die Liebe, die Gott zu uns hat, erkannt und gläubig angenommen»* (1 Joh 4,16).

Dann vermagst du im Priester einen Vater, den Vatergott, zu sehen, der dich aufnimmt; mit dem Herzen und in der Demut wirst du ihn entdecken und ihm begegnen. Dies ist der Schlüssel, um vertrauensvoll zur Beichte zu gehen. Ebenso geschieht es auch durch den Glauben, daß du eingeladen bist, dieses Vertrauen allen Priestern entgegenzubringen. Das Wesentliche ist es, irgendeinen Priester zu finden, damit du dieses Sakrament empfangen kannst, wenn es auch angeraten ist, dort zu beichten, wo man sich verstanden fühlt.

Um eine gute Beichte abzulegen, beginne immer mit den Worten: «Mein Vater, ich klage mich an…» Dies ist ein weiterer wichtiger Rat; dadurch anerkennt man die mitleidsvolle Vaterschaft, welche sich hier offenbart, um dich in diesem Sakramente aufzunehmen.

3. Von ganzem Herzen die göttliche Barmherzigkeit entgegennehmen

Um sie aufzunehmen, muß man sich zuerst entschließen, sein Herz zu öffnen. Das von Gott bekundete Mitleid enthebt den, welcher es entgegennimmt, nicht der Notwendigkeit, sich zu bekehren. So wird das Herz für die göttliche Barmherzigkeit geöffnet und wird zum Kanal der für die Bekehrung notwendigen Gnade. Die Beichte ist alles andere als eine einfache Liste von Sünden, die man einem Priester anvertraut. Sie ist auch nicht ein Mittel, um sein Gewissen zu erleichtern, sondern eine liebende Begegnung von Herz zu Herzen mit Gott. Es ist das Herz eines Kindes, das heimkehrt zu seinem Gott, in der Gewißheit, daß dessen Sohn, das Wort der Wahrheit, nicht gekommen ist, um zu verurteilen, sondern um zum Nachdenken anzuregen. Der Mensch mußte ja erkennen, auf was für einen falschen Weg er sich begeben hatte und zu dem Entschluß gelangen, zur göttlichen Liebe zurückzukehren, von der er sich niemals hätte entfernen dürfen. Stellen wir uns einen Augenblick lang vor, es würde dieses Sakrament nicht geben, dann könnten wir sogleich mit dem Pfarrer von Ars ausrufen: «Ohne das Bußsakrament wäre man wirklich zu beklagen.»[9]

9 ibd. S.135.

Um aufzunehmen, muß zuerst Vertrauen hergestellt werden

Indem man die Erfahrung der barmherzigen Zärtlichkeit unseres Gottes macht, von der uns das Lied des Zacharias spricht (Lk 1,78), wie könnte man darauf nicht aus ganzem Herzen antworten durch diese erste Regung des Aufnehmens? Der Herr erwartet nämlich von uns diesen Akt des Vertrauens.

Lieben, das heißt verzeihen. Der Herr hat uns lieben wollen, indem er uns unsere Sünden vergab. Wenn er das Elend sieht, in welches wir gefallen sind, dann wartet unser Vater im Himmel auf nichts anderes als nur auf dies eine: uns seine ganze Barmherzigkeit zu schenken und uns wieder aufzurichten. Im Gleichnis vom Verlorenen Sohn (vgl. Lk 15) ist der Vater in seiner barmherzigen Liebe noch größer, als der Sohn es in seiner Undankbarkeit gewesen war. Zu wissen, daß wir einen Vater haben, der in seiner «irrsinnigen» Barmherzigkeit immer wieder unsere Heimkehr erwartet, selbst dann, wenn wir wegen der Häßlichkeit unserer Sünde von tiefster Scham ergriffen sind, vermag uns dieser Gedanke das Vertrauen in das Leben wiederzugeben. Wenn es einen Irrsinn der Sünde gibt, dann ist Gott noch «irrsinniger» in der Liebe: das ist *«die Torheit des Kreuzes»* (1 Kor 1,18-25). Im Lukas-Evangelium ist der Verlorene Sohn das Kind, das nach Hause kommt. Sein Vater läuft ihm entgegen und umarmt ihn. Der Sohn ist zutiefst berührt, er erkennt, daß es nicht ein Herr und Meister ist, der ihn erwartet, sondern ein Vater. Nun kann er seine Niederträchtigkeit und seine Sünde bereuen. Auch für uns gilt es, einen Schritt zu tun, dem Herrn Vertrauen entgegenzubringen, uns in seine Arme nehmen zu lassen.

Dann beginnt die Angst und die Scham von uns zu weichen.

... sich selbst verzeihen ...

Der Teufel jedoch verweigert sich in seiner Person dieser Barmherzigkeit und tut alles, was er kann, um auch uns in unseren Schuldgefühlen festzuhalten. Er will uns in uns selbst einschließen und uns, wenn möglich, daran hindern, diesen Schritt zu tun, um zum Vater zurückzukehren. Er will, daß wir über uns selbst weinen in stolzem Trotz und Unwillen, weil wir etwas schlecht gemacht haben, obwohl wir uns doch fest vorgenommen hatten, angesichts einer so großen Liebe nicht mehr zu sündigen.

Um den christlichen Glauben zu leben, ist es für uns nötig, aus der Überfülle der Barmherzigkeit Gottes heraus zu leben. Wir sind jedoch erst dann dazu fähig, auch unsererseits unseren Brüdern zu vergeben, wenn wir zuvor diese unermeßliche Barmherzigkeit des Vaters entgegengenommen haben.

> Ein solches Zeugnis wurde von einem Ehepaar gegeben; welches bezeugte, wie der Herr an ihnen gehandelt hatte, als sie kurz vor einer Trennung standen, denn sie konnten sich nicht mehr verstehen. Auf einem Umweg begegneten sie einem Priester, der sie einlud, jeder persönlich eine gute Beichte abzulegen. Wie groß war danach ihre Überraschung, als sie feststellten, daß sie sich aufs neue zueinander hingezogen fühlten, um sich gegenseitig zu verzeihen und das gemeinsame Leben wieder aufzunehmen.

... und daran glauben, daß diese Barmherzigkeit für alle ist

Unsere Welt stirbt aus Mangel an Barmherzigkeit. Haben wir keine Angst, dieses Drama beim Namen zu nennen. Ja, für unsere heutige Welt, die so voll von Aggressivität ist, und auch für die Kirche auf ihrer Suche nach der Einheit gibt es keine dringendere Notwendigkeit als die Barmherzigkeit. In dieser Zeit, wo man so viel vom Frieden spricht, sollte man da nicht die Barmherzigkeit lehren und ausüben als dem einzigen wirksamen Weg, um dorthin zu gelangen, als Vorbedingung «sine qua non» für einen wirklichen und allgemeinen Frieden? Zwei Voraussetzungen sind dafür zu erfüllen: einerseits muß der Mensch das Seinige dazu tun, und andererseits muß er auf die Hilfe Gottes zählen: *«Macht euch bereit! Seid nüchtern, und setzt eure Hoffnung ganz auf die Gnade»* (1 Petr 1,13). Was immer auch geschehen mag, haben wir Vertrauen, denn unser Herr selbst ist in der Heiligen Schrift *«der Maurer, der die Risse ausbessert»* (Jes 58,12).

Papst Johannes Paul II. nahm in seiner Enzyklika über die Barmherzigkeit die Worte aus dem Zweiten Vatikanischen Konzil wieder auf, welche heute, dreißig Jahre später, eine noch ebenso wahre Situation beschreiben:

> «Unter diesen Umständen zeigt sich die moderne Welt zugleich stark und schwach und in der Lage, das Beste oder das Schlimmste zu tun; für sie ist der Weg offen zu Freiheit oder Knechtschaft, Fortschritt oder Rückschritt, Brüderlichkeit oder Haß. Zudem wird der Mensch sich nun dessen bewußt, daß es seine eigene Aufgabe ist, jene Kräfte, die er selbst geweckt hat und

die ihn zermalmen oder ihm dienen können, in der rechten Weise zu lenken.»[10]

Für den Christen ist der zu beschreitende Weg der, welchen die Kirche ihm vorschlägt mit den Sakramenten, die ihr anvertraut sind, besonders dem Sakrament der Versöhnung, dieser unerschöpflichen Quelle von Verzeihung und Frieden. Dies trifft in so starkem Maße zu, daß die inmitten der Welt gelebte geschwisterliche Liebe und der sich daraus ergebende Friede zuerst von den Christen abhängig sind und von der Art und Weise, wie sie mit dem Herzen und im Glauben dieses unerläßliche Sakrament empfangen. Wer häufig zur Beichte geht, läßt *«die Braut Christi noch schöner werden»* (vgl. Eph 5,25-27). Inmitten der Welt gibt ein solcher Mensch das öffentliche Zeugnis, daß er die Entscheidung getroffen hat, sich zu bekehren, wozu ja jeder Mensch berufen ist. In aller Einfachheit läßt er sein Herz überfließen von diesem unschätzbaren Reichtum der Barmherzigkeit.

Ja, dies ist der gute Weg für dich, die Liebe Gottes entgegenzunehmen, wie sie sich uns in seiner Barmherzigkeit bekundet. Dazu aber mußt du deinem Stolz entsagen. Es kann nämlich so aussehen, als ob man sehr großmütig sei, aber gleichzeitig ist man voll von sich selbst. Dieses «Ich» ist es, von dem du dich zuerst befreien mußt, damit der Herr dir seine unendliche Barmherzigkeit erweisen kann.

10 *Gaudium et Spes,* Nr. 9, § 4.

Du möchtest große Dinge tun für Gott. Im Augenblick bittet er dich darum, dich zuerst durch seine Barmherzigkeit formen zu lassen.

Um eine gute Beichte abzulegen, ist es zunächst nötig, in seinem Inneren eine Haltung des Hörens auf den Herrn hervorzurufen. Es ist keine Rede davon, sich auf Diskussionen einzulassen, um das Für und Wider abzuwägen. Die Beichte ist nämlich kein geistlicher Dialog zwischen dem Priester und dir. Bewahre in deinem Herzen nur die Worte des Psalmes:

Ohne mildernde Umstände, Herr,
«habe ich getan, was dir mißfällt» (Ps 51,6).
«Würdest du, Herr, unsere Sünden beachten,
Herr, wer könnte bestehen?» (Ps 130,3).

Um gut zu beichten, mußt du deine Sünden sehen, und um sie zu sehen, ist es unerläßlich, deinen Stolz zu verlassen. Der Stolz ist die hauptsächliche Sünde, die daran hindert, zur Beichte zu gehen; oder wenn man schon geht, dann bildet er ein Hindernis, so daß nicht die ganze göttliche Barmherzigkeit empfangen werden kann, durch die der Herr uns umwandeln will.

Von dem Augenblick an, wo du daran denkst, zur Beichte zu gehen, erwecke einen Akt der Demut: «Ja, es ist wahr, ich habe sie sehr nötig: in diesem letzten Monat, in diesen letzten Tagen habe ich mich sehr schlecht dem Herrn gegenüber verhalten, und dennoch, er hat mir nichts anderes als Liebe erzeigt!» Ich höre schon, wie er zu mir sagt: «Nicht du bist es, der mir so viel Leid zugefügt hat, sondern deine Sünde, denn dich zu lieben, habe ich niemals aufgehört.»

4. Mich lieben lassen in meinem ganzen Elend

«Es ist nicht möglich, die Güte Gottes zu verstehen, die er für uns empfand, als er dieses große Sakrament der Buße eingesetzt hat»[11], sagte der Pfarrer von Ars. Weil wir das nicht begreifen können, darum wollen wir es an uns geschehen lassen. Die Barmherzigkeit in Empfang zu nehmen, das bedeutet, Gott so zu lieben, wie er es wünscht.

Bei den Menschen ist es sehr schwierig, die durch die Sünde verwundeten Herzen zu lieben, denn wir sehen in ihnen unsere eigenen Wunden oder auch solche, die uns Abscheu einflößen. Der Herr aber hat keine Schwierigkeit, uns trotz unserer Unwürdigkeit zu lieben. Er liebt uns ganz selbstlos, denn wir haben keinerlei Verdienste, die wir ihm vorweisen könnten. Er hat beschlossen, alle Schätze seiner selbstlosen und ungeschuldeten Liebe in die eine Waagschale zu legen, wir aber haben nichts, womit wir die andere füllen könnten, als nur unser Elend; und das zu erkennen, ist für niemanden leicht. Dies ist das erste Schlachtfeld, auf dem unser Stolz besiegt werden muß. Wir sind immer wieder darüber erstaunt, obwohl das Evangelium uns doch sagt, daß Jesus für die Kranken und die

11 B. Nodet: *Jean-Marie Vianney, Curé d'Ars,* Ed. X. Mappus, S.13.

Sünder gekommen ist und nicht für die Gesunden. Er erwartet von uns nichts anderes als dieses Herz voll Sehnsucht: «*Die Hungernden beschenkt er mit seinen Gaben und läßt die Reichen leer ausgehen*» (Lk 1,53).

Der Mensch, der sich nicht dem Blick Gottes aussetzt, wird versuchen, seine Krankheit zu rechtfertigen, wie auch seine Unfähigkeit zu lieben, um sich damit zu beruhigen. Aber vergeblich versuchen die gelehrtesten Reden oder Abhandlungen ihn davon zu überzeugen, daß er sich mit einem Leben oder einer Liebe «auf Sparflamme» zufriedengeben soll.

Die Wahrheit meines Elends anerkennen

Jesus ist gekommen, um von der Wahrheit Zeugnis zu geben, um zu verzeihen und um zu heilen. Nur so dahinzuleben, blutleer, gefühllos oder gleichsam gelähmt zu sein, das ist keine normale Situation, weil dadurch das Leben, das in Gott ist, nicht widergespiegelt wird: «*Ich bin gekommen, damit sie das Leben haben und es in Fülle haben*» (Joh 10,10). Hier haben wir einen Schritt zu tun, und Jesus lädt uns dazu ein: «*Wer Durst hat, komme zu mir, und es trinke, wer an mich glaubt..., aus seinem Inneren werden Ströme lebendigen Wassers fließen*» (Joh 7,37-38). Indem wir unserem Stolz entsagen, vermögen wir an das Leben zu glauben, das Gott gibt und immer wieder gibt. Der Schritt im Glauben, der von uns verlangt wird, ist nur etwas sehr Geringes im Vergleich zu der Art und Weise, wie Gott unser Leben erfüllen wird. Die liebende Sünderin ergreift die Initiative: sie lädt sich selber bei Simon ein, um sich voll Kühnheit Jesus zu nähern und seine Füße zu berühren (vgl. Lk 7,36).

Der sterbende Räuber am Kreuz wagte es, auf das Himmelreich zu hoffen, und so wurde er zum «guten Schächer».

Ausgehend vom eigenen Elend begegnet jeder im Sakrament der Versöhnung wie der Verlorene Sohn seinem Retter Jesus: *«Ich will aufbrechen und zu meinem Vater gehen und zu ihm sagen:... Vater, ich habe mich versündigt»* (Lk 15,18). Wir alle, die wir von Jesus aus unserem Elend herausgeholt wurden, haben es nötig, ganz persönlich dieses Wort zu hören: *«Dein Glaube hat dir geholfen»* (Lk 17,19). Die heilige Theresia vom Kinde Jesus hat diesen Akt des Glaubens vollzogen, welcher sie dazu geführt hat, in all ihrer Armut sich von Jesus lieben zu lassen:

> «Verstehen Sie doch, daß man, um Jesus zu lieben, um das Schlachtopfer der Liebe zu sein, man um so besser für das Wirken dieser verzehrenden und umwandelnden Liebe geeignet ist, je schwächer, je mehr ohne Wünsche und ohne Tugenden man ist...»[12]
> Und an anderer Stelle:
> «Gerade meine Schwachheit ist es, welche mir die Kühnheit gibt, mich darzubringen...»[13]

Das Vertrauen Theresias in Jesus ist grenzenlos. Diese Begegnung mit Jesus ist zutiefst persönlich. Darum hat der Heilige Vater es für gut gehalten, die Bedeutung des persönlich empfangenen Sakramentes der Versöhnung zu betonen, ebenso wie die Notwendigkeit, es auf diese Weise zu praktizieren. Im Anschluß an die römische Synode für die Bischöfe der ganzen Welt gab er uns im Jahre 1984 das Apostolische Rundschreiben: «Die Versöhnung und die

12 Lettre de sainte Thérèse, S.197.
13 Manuscrits Autobiographiques, S. 227.

Buße in der Sendung der Kirche von heute» und erläuterte die Formen des Sakramentes:

> «Die erste Form — die persönliche Versöhnung der Büßenden — ist die einzige normale und im allgemeinen auszuübende Praxis, um dieses Sakrament zu zelebrieren, und man darf sie nicht aus der Gewohnheit geraten lassen oder vernachlässigen. Die zweite Form — die Versöhnung mehrerer Büßender mit individuellem Sündenbekenntnis und individueller Absolution — nähert sich der ersten Form im wesentlichen Punkt des Sakramentes, nämlich dem Sündenbekenntnis und der persönlichen Lossprechung der Sünden, selbst wenn es in der Vorbereitung erlaubt ist, vor allem den gemeinschaftlichen Aspekt des Sakramentes zu betonen; und somit kann sie der ersten Form assimiliert werden, was die Normalität des Ritus betrifft. Die dritte Form hingegen — die Versöhnung mehrerer Büßender mit allgemeinem, gemeinsamem Sündenbekenntnis und ebensolcher Absolution — ist eine Ausnahme und darf nicht zur freien Wahl gestellt werden, sie wird vielmehr durch besondere Vorschriften geregelt.»[14]

Durch das Bekenntnis befreit werden

Hat Jesus in diesem Sakrament der Liebe nicht eine ganz eigene Weise der Annäherung für einen jeden von uns, und haben wir unsererseits nicht eine ganz persönliche Weise, uns vom Vater lieben zu lassen und dadurch auf seine Liebe zu antworten? Haben wir es daher nicht nötig, den Priester

14 Johannes Paul II., Apostolisches Rundschreiben: *Versöhnung und Buße,* Nr. 32, 1984.

Jesu Christi sprechen zu hören: «Ich vergebe dir alle deine Sünden.» (...) Ja, ganz gewiß!

Nichts Kleinlich-Gesetzliches ist in diesem Sakrament der Verzeihung zu erkennen. Es ist vielmehr ein Austausch der Liebe zwischen unserem Gott, der die Barmherzigkeit ist, und uns selbst, die wir arme reuige Sünder sind und immer wieder zu Fall kommen. Und gerade hier vollzieht sich unser **geistliches Wachstum**, wie Papst Johannes Paul II. es uns sagt:

> *«Wir wollen uns, von der Liebe geleitet, an die Wahrheit halten und in allem wachsen, bis wir Ihn erreicht haben. Er, Christus, ist das Haupt»* (Eph 4,15). Im Plane Gottes beinhaltet das Sakrament der Buße ein besonders wirksames Mittel in diesem Bemühen um geistliches Wachstum, von dem der heilige Paulus zu uns spricht. Durch göttliche Anordnung ist es — vorausgesetzt, daß der aufrichtige Wunsch besteht, es zu empfangen — ein unerläßliches Heilmittel für den Gläubigen, der, nachdem er in eine schwere Sünde gefallen war, wieder zum Leben in Gott zurückkehren will. Die Kirche, die den Willen Christi interpretiert, hat jedoch immer, die Jahrhunderte hindurch, die Gläubigen ermahnt, sich häufig diesem Sakramente zu nähern, damit ihnen auch die leichteren Sünden vergeben werden... Daher bleibt für meinen Vorgänger Paul VI., "die häufige Beichte eine bevorzugte Quelle der Heiligkeit, des Friedens und der Freude".
>
> Gewiß, die Vergebung der läßlichen Sünden kann auch auf andere Weise geschehen, sei sie nun sakramental oder nicht... Im Lichte dieser Erwägungen aber begreift man, wie überaus wichtig es ist, daß auch diese

Sünden im Sakrament der Buße vergeben werden. Das Bekenntnis dieser Fehler in der sakramentalen Vergebung stellt nämlich eine große Hilfe dar, um sich vor Gott seines Zustandes als Sünder bewußt zu werden und sich zu bessern. Dieses Bekenntnis lädt dazu ein, aufs neue die ganz persönliche Rolle der Mittlerschaft der Kirche zu entdecken, die als ein Instrument Christi zu unserer Erlösung tätig ist.»[15]

Wer sich mit dem Herzen vom Herrn lieben läßt, der wird nicht verfehlen, häufig zur Beichte zu gehen. Er wird seine Aufmerksamkeit nicht zuerst darauf richten, wie schwer seine Sünde war, er sucht sich vielmehr darüber klar zu werden, wie groß der Eifer ist, mit dem er sich seinem Herrn nähert, um dadurch die Vergebung zu erhoffen. Wenn man im Gegenteil die Schwere seiner Sünde abwägt und überlegt, wie man an der Beichte vorbeikommen kann, dann bedeutet das oft ein Nachlassen in der Bußgesinnung und den Anfang der Lauheit. Es ist besser, sich vor allem anderen daran zu erinnern, daß jede Sünde, ganz gleich wie schwer sie ist, das Herz Gottes verwundet.

«Ich bin in Schuld geboren, in Sünde hat mich meine Mutter empfangen» (Ps 51,7). Groß ist mein Elend: Das Wort Gottes sagt es mir, und ich stelle es alle Tage fest in meinem Tun. Ich ermesse den Abgrund meines Elends. Dies eine aber verleiht mir Sicherheit: Der noch größere Abgrund der Liebe Gottes, in dessen Schoß mich zu bergen ich berufen bin, in der Gewißheit, daß ich hierin aufgenommen werde. Er ist unermeßlich groß, und indem ich mich in

15 Generalaudienz am 11. April 1984.

ihm verliere, finde ich das Leben zurück. «*Wir wurden mit ihm begraben durch die Taufe auf den Tod; und wie Christus durch die Herrlichkeit des Vaters von den Toten auferweckt wurde, so sollen auch wir als neue Menschen leben*» (Röm 6,4).

Beichten gehen, das bedeutet für dich, auf diesem unfehlbaren Weg dein Elend zu verlassen, ein Weg, der darin besteht, dich vom Herrn lieben zu lassen, so wie du bist. Dann wirst du keine Angst mehr haben, deine Sünde aufzudecken und sie mit allem Freimut einem Priester zu sagen, ohne Furcht, was er von dir denken könnte. Er wird sehen, daß du wirklich ein Sünder bist, ja, aber er wird es mit den Augen Jesu sehen. Um dahin zu gelangen, mußt du deine Angst aufgeben, von ihm — dem Priester — gerichtet zu werden oder seine Achtung zu verlieren. Anders ausgedrückt, du mußt von ihm denken, wie du vom Herrn denkst, daß er dein volles Vertrauen erwartet und daß du ihm deshalb alles gestehst, wirklich alles. Dann wirst du diesen Blick auf dich selbst verlieren, dieses Gefängnis all jener Menschen, die noch versuchen, sich aus eigenen Kräften zu retten.

Lies öfters einen Akt der Hingabe an die göttliche Barmherzigkeit, wie ihn die Heiligen geschrieben haben, die vor dir lebten, und schreib auch den deinigen auf. Nur in Gedanken die Hingabe zu leben, das genügt nämlich nicht. Man muß es auch sagen oder schreiben mit der gleichen Festigkeit, wie ja auch eine Erklärung von Liebe und Treue mit lauter

Stimme gesprochen wird, damit das geliebte Wesen auch die tiefe Freude empfindet, welche die Sicherheit gewährt. Außerdem steht dahinter noch die Autorität eines Vertrages, welcher gewährleistet, in der Treue auszuharren.

In solcher Hingabe wird eine gute Beichte abgelegt. Du kannst dann eine häufige Beichte ablegen, nicht zunächst deshalb, weil die Kirche es wünscht, sondern weil Jesu Herz da ist, das dich drängt und auf dich wartet.

5. Vergib mir, wie auch ich meinem Bruder vergeben habe

Allzu oft kommt es vor, daß der Sünder es nicht fertigbringt, in der Beichte eine Begegnung der Liebe mit dem Herrn zu sehen. Das Mitleid Jesu scheint ihm nur ein leeres Wort zu sein. Manchmal bekennt er seinem Beichtvater sogar, daß sein Herz in dem, was die Entgegennahme der göttlichen Barmherzigkeit betrifft, wie verschlossen zu sein scheint. Im Augenblick des Bekenntnisses antwortet er zwar auf die Einladung, sich lieben zu lassen, aber er stellt so etwas wie eine Schranke, wie eine Barrikade fest, die sich tief in seinem Inneren befindet, seine ganze Person durchdringt und ihn daran hindert, sich Gott hinzugeben. Die Tatsache, dieses Abgekapselt-Sein in sich selbst zu erkennen, ist bereits ein großes Geschenk, das ihm von Gott gemacht wird, und das die folgenden Gaben vorbereitet. Sehr schnell kommt dann das Verlangen auf, aus dieser

Sackgasse herauszukommen, und der Herr erhört ihn: «*Herr, du hast die Sehnsucht der Armen gestillt, du stärkst ihr Herz, du hörst auf sie*» (Ps 10,17).

Sich unter Brüdern vergeben

Das Wort Gottes belehrt uns darüber, woher diese Prüfung des verschlossenen Herzens bei dem Gläubigen kommt, obwohl er doch danach verlangte, sich von der göttlichen Barmherzigkeit besuchen zu lassen. Das hauptsächliche Hindernis hat uns Jesus selbst im Vaterunser aufgezeigt: «*Vergib uns unsere Schuld, wie auch wir vergeben unseren Schuldigern.*» Es muß zuerst diese Verzeihung zustande gebracht werden, die dem Nächsten noch nicht gewährt worden ist, und dann kann der Herr auch uns verzeihen.

Der Schlüssel findet sich auch in dieser Seligpreisung: «*Selig die Barmherzigen; denn sie werden Erbarmen finden*» (Mt 5,7). Man muß zunächst um ein erbarmendes Herz bitten, um nicht der mitleidlose Schuldner aus dem Evangelium zu sein, der wegen einer kleinen Schuld bestraft wird, die er seinem Gefährten nicht erlassen wollte, während doch sein Herr ihm eine unermeßlich größere Schuld erlassen hatte (vgl. Mt 18,23-35).

Der Apostel Paulus sagt dazu: «*Wie der Herr euch vergeben hat, so vergebt auch ihr!*» (Kol 3,13). Es ist sodann festzustellen, daß derjenige, der von der Vergebung des Herrn berührt worden ist, erkennt, wie sein Herz sich öffnet gegenüber seinem Nächsten, um ihm die Verzeihung zu gewähren. Und der heilige Johannes macht uns darauf aufmerksam: «*Wer sagt, er sei im Licht, aber seinen Bruder haßt, ist noch in der Finsternis*» (1 Joh 2,9).

Manchmal gibt es eine Verzeihung zu gewähren, die schon in der Vergangenheit begraben schien, die aber durch die Gnade Gottes wieder an die Oberfläche kommt. Der Priester wird dann den Büßenden einladen, in der Beichte dem Bruder diese Verzeihung zu gewähren. Später kann er mit dem erforderlichen Taktgefühl dem Bruder diese gewährte Verzeihung auch zum Ausdruck bringen. Die Liebe muß in diesem Falle sein Verhalten lenken und nicht eine Verpflichtung, die ihm von seinem Gewissen diktiert worden wäre.

Verzeihen, das heißt nicht, so zu tun, als ob die Beleidigung niemals bestanden hätte, indem man versuchen würde, die böse Erinnerung aus seinem Gedächtnis auszutilgen. Verzeihen besteht in der Entgegennahme der Gabe des Herrn, nicht mehr daran zu denken. Wenn die Erinnerung wieder hochkommt, muß man Gott darum bitten, nicht mehr durch diese Erinnerung in den Gedanken verwundet zu werden, weil sonst das Herz wieder mit Bitterkeit erfüllt werden kann. Verzeihen, das heißt auch nicht, dem Bösen, das man uns angetan hat, zuzustimmen, sondern es heißt, nachsichtig mit jenem Menschen zu sein, der uns verletzt hat, und, wenn es nötig ist, mit der Gnade Gottes siebzig mal siebenmal zu verzeihen.

Wirklich und vollständig zu verzeihen, das heißt auch, damit einverstanden zu sein, das angetane Unrecht zu vergessen und Gott um die Gnade zu bitten, das Mißtrauen gegenüber demjenigen zu überwinden, der uns zu nahe getreten ist oder uns beleidigt hat. Durch dieses Gebet vermeidet man die Klippe des schlechten Vergebens, indem man manchmal denkt: «Ich vergebe, aber ich vergesse nicht!»

Die Quelle der Vergebung aber ist in Gott

Es darf keine Verwechslung geben zwischen der Wahrheit, die in der Transparenz ausgeübt wird, und einer Last, die man auf dem Herzen trug, sich zu entledigen zu suchen. Das Wesentliche wird übrigens immer die Gnade der Barmherzigkeit sein, welche die Frucht der Absolution ist und nicht die unserer «Werke der Gerechtigkeit».

Die Gnade entströmt dem Sakrament und ist nicht von einem persönlichen Vorgehen unsererseits abhängig. Die Verzeihung Gottes ist immer ein freies Geschenk.

> *«Gott... hat uns gerettet — nicht weil wir Werke vollbracht hätten, die uns gerecht machen können, sondern aufgrund seines Erbarmens»* (Tit 3,4-5).

Dieses Sakrament enthält indessen eine sehr präzise Lehre über die brüderliche Liebe, und kein Mensch auf dieser Erde kann sich ihr entziehen. Wenn die Menschen die Verzeihung unter Brüdern nicht leben, nicht darum bitten und sie nicht gewähren, schirmen sie sich damit ab gegen die göttliche Barmherzigkeit. Diese Situation ist sehr schwerwiegend, in der Familie, unter entgegengesetzten Volksgruppen und unter verschiedenen Rassen. Wenn wir uns hingegen der göttlichen Barmherzigkeit nähern, dann erkennen wir die Notwendigkeit, unseren Brüdern zu vergeben. Indem wir das tun, üben wir in Wahrheit die brüderliche Liebe aus. Gott ist die Quelle jeder wahren Liebe.

Groll gegen jemanden zu hegen, das bedeutet, sich selbst dem Segen Gottes zu entziehen. Jeder Mensch hat ja nur ein Herz, und er kann es nicht in zwei Teile zerlegen, sonst würde er es zerreißen und daran sterben. Die Einheit des Herzens ist in dieser zweifachen Barmherzigkeit begründet.

Die fünfte Bitte des Vaterunser: «*Vergib uns unsere Schuld*», wie auch die fünfte Seligpreisung bei Matthäus: «*Selig die Barmherzigen*», stellen uns vor eine Entscheidung. Welche Gnade ist es, mit dem Herzen auf das Wort Gottes zu hören, welches uns den guten Weg der Liebe und deren rechte Ausübung weist!

Die Gaben Gottes haben nichts Magisches an sich. Um sie zu empfangen, wird von uns der gute Wille verlangt und die Öffnung unseres Herzens: «*Herr, verlaß mich nicht, bleib mir nicht fern, mein Gott! Eile mir zu Hilfe, Herr, du mein Heil!*» (Ps 38, 22-23). Und so geschieht es, daß die göttliche Barmherzigkeit sich von dem einen zum anderen mitteilt: Die Verzeihung, die ich meinem Bruder gewährt habe, wird sein Herz berühren. Dann wird er seinerseits wieder einem anderen verzeihen. Das ist eine Kettenreaktion der Barmherzigkeit und also der Liebe, die auf diese Weise unsere Erde überfluten wird. Das alles aber hatte mit einem einzigen Getauften angefangen, der das Sakrament der Versöhnung zu empfangen wünschte und dem der Herr diese eine Bedingung gestellt hatte: Verzeihe zuerst dir selbst und verzeihe deinen Brüdern, und ich gebe dir dazu das Herz und die Gnade.

Wenn die Bitte des Vaterunser in die Praxis umgesetzt wird, dann werden sich auf der ganzen Erde gute Beichten unter den Christen verbreiten, und diese sind dann das sicherste und wirksamste Ferment des guten Einvernehmens unter den Menschen, um die Erde umzugestalten. Wie aber kommt es, daß neben all den unzählbaren Abhandlungen über den Frieden unter den Menschen die Christen nicht diese von Jesus gegebene Lösung verkündigen? (…) An uns liegt es also, zuerst in Treue diese Verzeihung auszuüben, die wir unseren Brüdern gewähren und die wir von Gott erbitten. Danach können wir darüber sprechen, und die Welt wird sich bekehren.

Schließlich darf man nicht vergessen: Man geht nicht zur Beichte, um brüderlicher zu werden, sondern um alle Gnaden zu erhalten, die uns vom *«Vater des Erbarmens»* (2 Kor 1,3) vermittelt werden. In allem Bestreben nach Brüderlichkeit und Gemeinschaft vergessen wir doch niemals die Quelle jeder wahren Liebe, die im Herzen des Vaters lebt.

Wie du siehst, muß man, um eine gute Beichte abzulegen, ein «gutes» Herz haben. Es sollte gut sein, wie es das des guten Gottes ist. Damit hat derjenige, der sich entschließt, zur Beichte zu gehen, schon damit begonnen, sein Herz zu öffnen, und das Sakrament wird den Rest bewirken. Wer noch nicht seinem Bruder vergeben hat, der hat nicht wahrhaft dieses Herz des Erbarmens. Er muß es zuerst erwerben; das ist unerläßlich. Sei überzeugt davon.

Du, der du noch Groll oder gar Rachsucht gegen eine oder mehrere Personen hast, auch wenn das schon recht lange dauert, dann verzweifle dennoch nicht in deiner Sache. Jesus hat bereits deinen guten Willen gesehen. Vergiß nicht, es in der Beichte dem Priester zu sagen. Er wird dich beraten. Er wird Jesus bitten, dich von dieser Last der Bitterkeit zu befreien und dich von deiner tiefen Wunde zu heilen.

Vielleicht wird er dir dieses ganz einfache und demütige Gebet empfehlen, mit dem du den Herrn zu dir rufst: «Herr, der Anteil an Verzeihung, den ich noch nicht zu gewähren vermag, senke du ihn in mein Herz.»

Nachdem du in deinem Herzen dieser Person vollständig verziehen hast, wirst du auf den Priester hören, der mit dir überlegen wird, wo, wann und wie du diese Person um Verzeihung bitten kannst, indem du ihr dein Bedauern wegen deiner Rachsucht zum Ausdruck bringst. Das Wesentliche aber ist, daß dein Herz deinem Nächsten gegenüber geöffnet ist, in aller Ehrlichkeit, in einer guten inneren Verfassung, damit all deine Sünden in der darauf folgenden Absolution vergeben werden. Der Priester wird dann ganz besonders für dich beten, wenn die Person, gegen welche du diese Rachsucht empfunden hattest, bereits in der Ewigkeit ist. Und Jesus selbst wird in deinem Herzen den Frieden herstellen, denn du kannst diese verstorbene Person, die du beleidigt hattest, nicht mehr sagen hören: «Ich verzeihe dir.»

Wenn du das tust, wird das empfangene Sakrament nach und nach die Gemeinschaft, die Brüderlichkeit, die Pfarrei aufbauen. Oft kannst du die jedem Bruder im besonderen gewährten Gnaden erkennen, wenn sie sich in der ganzen Gemeinschaft ausbreiten.

Wie viele Gnaden sind doch empfangen worden! Und hat nicht alles mit einer guten Beichte begonnen?

Die Macht der göttlichen Gnade

«Christus will ich erkennen und die Macht seiner Auferstehung» (Phil 3,10).

KAPITEL II

1. Zuerst klar sehen.
2. Wenn das Herz berührt ist, bedauere ich meine Sünde.
3. Im Geständnis befreit mich Gott von der Gefangenschaft der Sünde.
4. Die Absolution und die Buße.
5. Befreit, doch der Kampf geht weiter.

Der Mensch erstickt in seinem eigenen Inneren, denn er ist geschaffen worden, um zu leben und um die Freiheit zu haben, dem Leben entgegenzugehen. Adam öffnet sich dem Leben, indem er in seiner Gattin Eva das Gegenüber betrachtet, das Gott, sein Schöpfer, ihm gegeben hat, damit er endlich sprechen konnte: «*Das endlich ist Bein von meinem Bein und Fleisch von meinem Fleisch!*» (Gen 2,23) und das Leben zu erzeugen vermochte. Adam nennt sie «*die Mutter aller Lebendigen*» (Gen 3,20). Gott, der die Allmacht ist, erschafft das Leben, welches dann wiederum neues Leben erzeugen wird.

In Pater Maximilian Kolbe atmet das Leben in jenem Konzentrationslager, in welches sein Glaube an Christus ihn gebracht hat. Es fehlt ihm nicht an Elan, um sich selbst der Strafe eines qualvollen Todes auszuliefern, indem er den Platz eines armen Familienvaters einnahm. Er ist ein freier Mensch und außerdem «befreit» angesichts des Todes, der ihn schließlich gar nicht wollte: seine Henker mußten ihn letztenendes töten.

Der Mensch ist von Gott frei geschaffen worden, und er ist frei, um zu lieben. Infolge der Sünde aber kann er von dieser Freiheit nur dann Gebrauch machen, wenn er damit einverstanden ist, «befreit» zu werden. Nur Gott selbst kann es aber tun: *«Zur Freiheit hat uns Christus befreit»* (Gal 5,1).

In der Allmacht seiner Gnade ist Christus in uns am Werk. Darum führt er uns von Stufe zu Stufe, um schließlich zur Befreiung von der Sünde zu gelangen, und diese Freiheit gibt uns das Leben neu. Als ersten Schritt werden wir durch den Heiligen Geist dem Lichte und der Wahrheit gegenübergestellt. Dann, wenn das Herz berührt worden ist, kann der Mensch seine Sünden bekennen. Die Verzeihung ist schon da und mit ihr die Befreiung, aus welcher das Leben entströmt. *«Wir waren tot, und er hat uns ... zusammen mit Christus wieder lebendig gemacht»* (Eph 2,5).

Die Versöhnung leben, das heißt, alles von Jesus zu erwarten.. *«Denn aus ihm und durch ihn und auf ihn hin ist die ganze Schöpfung. Ihm sei Ehre in Ewigkeit»* (Röm 11,36).

1. Zuerst klar sehen

Je mehr man sich dem Lichte nähert, um so besser kann man sehen und vermag man, in einem Buch zu lesen. Je mehr wir Jesus sich uns nähern lassen, um uns zu lieben, um so klarer sehen wir, was in unserer Seele oder in unserem Gewissen nicht stimmt, denn er **ist** das Licht: «*Das wahre Licht, das jeden Menschen erleuchtet, kam in die Welt*» (Joh 1,9). Die Nähe Jesu ist unwiderstehlich: «*Es begegnen einander Huld und Treue, Gerechtigkeit und Friede küssen sich*» (Ps 85,11). Er ist die Liebe, er ist «*die Wahrheit*» (Joh 14,6).

Das Licht aufnehmen

Der Priester soll die Menschen zu größerer Liebe zu Gott und den Brüdern bewegen. Er kann es allerdings nicht tun, wenn er sie nicht zuvor zur Wahrheit eingeladen hat. Die hauptsächliche Qualität, die von einem Priester verlangt wird, ist sicherlich die Diskretion. Sie muß die ständige Begleiterin des Zuhörens und des absoluten Respektes vor dem Getauften sein, der sich ihm anvertraut. Er soll ihn jedoch mit Feingefühl und in der rechten Unterscheidungsgabe dazu anregen, Licht in sein Leben zu bringen.

> Ein Zeuge dafür ist jener junge Mann, der aus einem anderen Kontinent zurückkam und dort den Armen begegnet war. In einer Zeitschrift waren ihm Exerzitien empfohlen worden; er kam dorthin, um sich auszuruhen, das Wort Gottes zu hören und Gleichgesinnte zu treffen. Diese rieten ihm zu einem Gespräch mit dem Priester, der die Exerzitien leitete. Nach einigen Minuten sagte dieser letztere zu ihm: «Und wenn du nun beichten würdest?»
>
> Und hier das Zeugnis des jungen Mannes: «Die Wahrheit traf mich mitten ins Herz, und ich hatte es nötig... Ich schaue nach der Tür, um davonzulaufen, ich senke den Kopf... Aber Jesus hatte zu mir gesprochen. Ich

schaue den Priester an, und ich stimme zu. Das war die Kehrtwendung meines Lebens. Ich hatte dem Licht und der Wahrheit zugestimmt. Alles wurde möglich. Ich gab meine Unabhängigkeit auf und entschloß mich, auf Gott zu zählen, ihn nötig zu haben.»
Das ist acht Jahre her. Der Herr setzte mit Leichtigkeit in seinem Herzen diesen schönen Weg des Lichtes fort. Daher rief er ihn, ihm alles zu schenken. Jetzt ist es so weit: Nachdem er in einer Ordensgemeinschaft die drei Gelübde abgelegt hat, ist er jetzt als Missionar nach Asien entsandt worden. Er wird dort Tausende von Armen treffen, um sie zu lieben, diesmal aber mit dem Herzen Jesu. Um seine Zukunft zu erleuchten, hatte alles mit einer guten Beichte begonnen.

Aus der Verblendung heraustreten

Jesus sagt auch: «*Wer die Wahrheit tut, kommt zum Licht*» (Joh 3,21). Allzu oft lebt jedoch der Mensch, selbst der, welcher guten Willen hat, in einer großen Verblendung: er erkennt seine Sünden nicht. Selbst wenn er sie irgendwie ahnt oder wenn man ihn darauf aufmerksam macht, dann will er sich sie nicht immer eingestehen.

Aus welchem Grunde kann ein Mensch, der auf vielen anderen Gebieten sehr intelligent ist, sich nur der Selbsterkenntnis verschließen? Es scheint, daß eine innere Logik ihn zu dieser instinktiven Verschlossenheit führt. In der Tat, sei es nun bewußt oder unbewußt, der sich selbst überlassene Mensch errät, daß er, wenn er die tiefsten Ursachen seiner Sünden erkennt, von Taumel ergriffen werden wird und vielleicht sogar von Verzweiflung, in die er dann zu stürzen droht. Das ist verständlich, wenn er Jesus, den Retter, nicht kennt, oder wenn er sich ihm grundsätzlich verweigert. Oder auch, weil er, selbst wenn er Christ ist, nicht wirklich an das Wort Jesu glaubt: *«Getrennt von mir könnt ihr nichts vollbringen»* (Joh 15,5).

Um Gott zu gefallen (oder um im geistlichen Leben fortzuschreiten), besteht die erste Gnade, um die wir bitten müssen, darin, daß wir von aller Verblendung befreit werden, ganz besonders aber von der, daß wir unsere Sünden nicht erkennen. Denken wir an das, was der Apostel Johannes uns sagt: *«Wenn wir sagen, daß wir nicht gesündigt haben, machen wir Gott zum Lügner»* (1 Joh 1,10).

Gott selbst kommt uns zu Hilfe: Es ist eine Gnade, die er uns gibt, wenn er uns einen Bruder auf unseren Weg schickt, der uns die Falle entdecken läßt, die uns verblendet hatte, und diese Falle ist um so gefährlicher, weil wir zu gleicher Zeit in anderen Bereichen weiterhin engagiert sein können, um für den Herrn Gutes zu tun.

So ist es gewesen bei David, dem der Herr den Nathan schickte, um ihm seinen Ehebruch vorzuhalten, und zwar in der pädagogischen Form jenes Gleichnisses von einem reichen Mann, der das Schäflein des Armen raubt (vgl. 2 Sam 12). David urteilt über sich selbst, ohne sich dessen bewußt zu werden, und er verurteilt den reichen Mann. Der Prophet aber sagt zu ihm: «Dieser Mann, das bist du!» Da antwortet David dem Nathan: «Ich habe gegen Gott gesündigt!» Mit einem Schlag ist die Verblendung von ihm gewichen. Wir kennen das Gebet des David, diesen einzigartigen Bußpsalm: *«Ich habe getan, was dir mißfällt»* (Ps 51,6).

Es ist beeindruckend festzustellen, daß derjenige, der aus der Verblendung heraustritt, zu einem so großen Licht gelangt, das es sein ganzes Leben erhellt, manchmal sogar seine Zukunft.

Der Pfarrer von Ars pflegte zu sagen: «Zuerst muß man Ordnung in sein Gewissen bringen, alsdann kann man auch mit Leichtigkeit seine anderen Angelegenheiten in Ordnung bringen.» Das war ein Wort von gesundem Menschenverstand, das aber auch eine große geistliche Erfahrung erkennen ließ: *«Einst wart ihr Finsternis, jetzt aber seid ihr durch den Herrn Licht geworden»* (Eph 5,8).

Es geschieht dann nämlich eine Begegnung von großer Tiefe: *«Sie werden auf den blicken, den sie durchbohrt haben»*, sagt uns der heilige Johannes, indem er Zacharias zitiert (Joh 19,37). Bei jeder Beichte sind wir zu dieser Betrachtung eingeladen. Der Pfarrer von Ars sagte dazu gern: «Wenn man zur Beichte geht, dann muß man sich darüber klar sein, was man tun will, man kann nämlich sagen, daß man damit die Nägel aus dem Kreuze unseres Herrn herauszieht.»

Die Sünde führt uns dazu, uns vor dem Herrn zu verstecken, wie Adam es tat: *«Gott, der Herr, rief Adam zu und sprach: "Wo bist du?" Er antwortete: "Ich habe dich im Garten kommen hören; da geriet ich in Furcht"»* (Gen 3,9-10). Die Sünde bewirkt nämlich, daß wir uns vor den Menschen verbergen wie Kain: *«Ich muß mich vor deinem Angesicht verbergen..., und wer mich findet, wird mich erschlagen»* (Gen 4,14).

Und dennoch, der Blick Gottes ist nichts anderes als Barmherzigkeit, welche Adam am Leben läßt und auch das Leben des Kain beschützt: *«Darum soll jeder, der Kain erschlägt, siebenfacher Rache verfallen»* (Gen 4,15). Wir vergessen, daß der Blick Gottes ganz anders ist als der des Menschen, welcher analysiert, richtet, seinen Nächsten anklagt und ihn verurteilt. Er tut es nicht immer aus Bosheit, sondern oft, um sich zu verteidigen, aber immer tut er damit etwas Unrechtes. Wieviel Verblendung ist auch hier!

Sobald das Licht gekommen ist, ist die Verblendung besiegt, die Sünde ist nicht länger verborgen, sie ist enthüllt. Sogleich lädt die Gewißheit der ihm zugesagten Barmherzigkeit den Menschen ein, seinen Fehler zuzugeben.

Was können wir nun tun, um aus unserer Verblendung herauszutreten? Wenn wir das Bedürfnis verspüren, uns selbst klar erkennen zu können, müssen wir den Heiligen Geist anrufen. Der heilige Pfarrer von Ars pflegte jenes Wort zu sagen, das sich immer bewahrheitet: «Mit dem Heiligen Geist sieht man alles groß; man sieht die Größe der geringsten Taten, die für Gott verrichtet worden sind, und man sieht auch die Größe der geringsten Fehler.» Manche Menschen wissen überhaupt nicht, was alles eine Sünde sein kann. Deshalb ist es gut, die Gebote oder auch die Liste der sieben Hauptsünden nochmals zu lesen; das hilft, um klar zu sehen.

Viele Büßende wollen wirklich eine gute Beichte ablegen, sehen aber ihre Sünden nicht! So ist es oft bei denen, die jahrelang nicht mehr zur Beichte gekommen waren oder die nur einmal im Jahr zur Beichte gehen; manchmal aber auch bei anderen.

Das große Heilmittel besteht nun darin, den Heiligen Geist anzurufen und sich vertrauensvoll an ihn zu wenden. Jesus sagt uns: *«Nichts ist verhüllt, was nicht enthüllt wird»* (Mt 10,26). Er ist der Geist der Wahrheit, und die ersehnte Erhörung wird sehr schnell eintreten. Ein anderes Heilmittel besteht darin, sich vor das ausgesetzte Allerheiligste zu begeben und sich selbst dort auszusetzen, um zu betrachten, zu warten, den Herrn für seine Barmherzigkeit und Treue zu preisen, in ganz reiner Gesinnung, ohne zunächst an sich selbst zu denken, um sodann diese Regung der analysierenden Selbstbeobachtung aufzugeben, damit der Herr selbst ins Herz kommen kann.

... und der Lauheit

Eine der größten Verblendungen ist die (zunächst nicht einmal vor sich selbst eingestandene) Lauheit, die den Christen in der größten Illusion dahinleben läßt, so daß Gott selbst daran gehindert wird, das Herz des Sünders anzurühren.

Der heilige Pfarrer von Ars deckt mit folgenden Worten diese Lüge auf:

> «Eine Seele, die in der Lauheit lebt, kommt gar nicht auf den Gedanken, sich von ihr zu befreien, denn sie glaubt, daß mit dem lieben Gott alles in Ordnung ist.» Er wagt sogar, folgenden Satz hinzuzufügen: «Eher wird sich ein großer Sünder bekehren als jemand, der lau ist.»[16]

Was uns blind macht, ist ein «gewisser» guter Wille:

> «Wir wollen zwar in den Himmel kommen, aber auf angenehme Weise, ohne uns irgendwie einschränken zu müssen.»[17] «Sie sagen, daß Sie Gott lieben? Sagen Sie lieber, daß Sie sich selbst lieben!»[18]

Lieben wir wirklich den Herrn? Das ist die richtige Frage, die Licht in ein Leben bringt, das ganz Ihm gehören

16 B. Nodet, *Pensées du Curé d'Ars,* S. 170.
17 ibd. S.168.
18 ibd. S.165.

will. Der heilige Pfarrer sagt uns ganz richtig, daß die Liebe alles ist. «Wenn Sie keine Gottesliebe haben, dann sind Sie sehr zu bedauern. Sie sind dann wie ein Baum ohne Blüten und ohne Früchte.»[19]

Klar zu sehen, das bedeutet, die Schwere seiner Sünden zu ermessen; daher lehrt die Kirche, daß es Abstufungen bei unseren Sünden gibt. Der Katechismus für Erwachsene gibt eine gute Zusammenfassung über die Art und Weise, die Schwere der Sünden, die wir begehen können, abzuschätzen, da es «Sünde und Sünde» gibt:

Alle Sünden beleidigen Gott, manche aber stellen nicht grundsätzlich die Ausrichtung eines für Gott und die anderen geöffneten Lebens in Frage. Dann spricht man von **läßlichen Sünden**. Diese sind aber auch nicht unbedeutend: sie können den Menschen und die menschliche Gemeinschaft verletzen.

> Andere Sünden stehen in sich selbst in schwerer Weise dem Wohl des Menschen entgegen. Dann spricht man von **schwerwiegender Materie.** Wenn der Mensch sich bei solchem Tun aber nicht vollständig engagiert, etwa aus Mangel an wahrer Freiheit oder aus Unkenntnis, dann bleiben diese Sünden läßlich.
>
> Andere Sünden bekunden ein bewußtes und gewolltes Engagement in einer schwerwiegenden Sache. Diese werden von der Kirche als **Todsünden** bezeichnet, denn sie führen in der Tat den Tod der Beziehungen zwischen dem Menschen und dem Gott des Lebens herbei, und diese sind doch die Grundlage aller anderen Beziehungen des Menschen.

19 ibd. S.165-170.

Jeremias beschreibt gut diesen tödlichen Wahnsinn des Menschen, der die Verbindung zu seiner Quelle zerstört: «*Mich hat mein Volk verlassen, den Quell des lebendigen Wassers, um sich Zisternen zu graben, Zisternen mit Rissen, die das Wasser nicht halten!*» (Jer 2,13).

Oft beinhaltet die Sünde auch eine soziale Dimension, und zwar in vielerlei Gestalt. Aber diese Fälle von **sozialen Sünden** sind die Frucht, die Anhäufung und die Konzentration von vielen persönlichen Sünden.»[20]

Gewiß ist es gut, diese Sünden voneinander zu unterscheiden, um sie besser zu erkennen (läßliche Sünden, Todsünden oder soziale Sünden), ganz gewiß aber nicht etwa deswegen, um nun der Sorglosigkeit zu verfallen, die uns beruhigen könnte, etwa die eine oder andere Sünde zu begehen, da es sich dabei ja um eine «leichte» handelt. Es gibt zum Beispiel «schwere» Sünden; die läßlichen Sünden sind aber deswegen nicht «leicht». Jeder Fehler, den wir begangen haben, lastet schwer auf dem Herzen Gottes. In jedem Fall aber ist er ein Mangel an Liebe. Wer wirklich den Herrn liebt, für den ist jeder Fehler unerträglich, und hierin ermessen wir, bis zu welchem Grade jeder Mensch ein Herz von Stein besitzt. Um es klarer auszudrücken, es wäre jeder gehalten zu bekennen: «Hier kann ich es mit Händen greifen, wie wenig ich zu lieben weiß.»

Es sei noch hinzugefügt, daß die katholische Kirche keine «legalistische» Lehre verkündet; das ist so zu verstehen, daß sie uns die Tragweite der «vollkommenen Reue» lehrt, die uns die Verzeihung erlangt, uns aber nicht der Notwendigkeit enthebt, das Sakrament zu empfangen:

---

20 *Catéchisme des évêques de France*, Nr. 536.

«Wenn die Reue aus der Liebe zu Gott, den man über alles liebt, hervorgeht, wird sie «vollkommene» oder «Liebesreue» (contritio) genannt. Eine solche Reue läßt die läßlichen Sünden nach; sie erlangt auch die Vergebung der Todsünden, wenn sie mit dem festen Entschluß verbunden ist, sobald als möglich das sakramentale Bekenntnis nachzuholen.»[21]

Es kann manchmal in unserem Leben eine Verblendung herrschen, die so stark ist, daß sie ein Hindernis bildet für unsere gesamte Beziehung zu Gott und zu unseren Brüdern. Das könnte vielleicht auch dein Fall sein. Richte dann ein ganz einfaches Gebet an den Herrn:

«Ich bitte dich aus ganzem Herzen, falls es eine Verblendung in meinem Leben gibt, zögere dann nicht, sie mir aufzuzeigen; ich verlange wirklich danach.» Der Herr wird gerne dieses Gebet erhören, denn er möchte immer unser Herz und unser Gedächtnis befreien, damit wir ihn noch mehr lieben können.

Manchmal sind es unsere Ängste, die uns daran hindern, unsere Sünden zu sehen. In diesem Fall wird es gut sein, dem Herrn zu sagen: «Ich übergebe dir meine Ängste… Ich bin gewiß, daß du mich nicht verdammen wirst.»

Manche haben vielleicht an irgendwelchen Übungen teilgenommen, bei denen man versucht hat, demjenigen, der von solchen Ängsten geplagt ist,

21 *Katechismus der katholischen Kirche,* 1992, Nr. 1452.

die Schuldgefühle zu nehmen, indem man ihn glauben macht, daß er niemals etwas Böses getan habe. Das ist die Unwahrheit und daher vollständig zu verwerfen.

Andere haben Methoden praktiziert, bei denen eine Art «Gehirnwäsche» ausgeübt wird (transzendentale Meditation und dergleichen). Bestimmte Zonen des Gedächtnisses werden dabei erreicht. Manche Techniken der Konzentration und der Entspannung nehmen die Fähigkeit des Denkens hinweg und lassen keinen Raum frei für ein Eingreifen des Heiligen Geistes. In diesen letzten Fällen, wo das Gewissen und der Geist in Mitleidenschaft gezogen worden sind, muß man ein Gebet um Befreiung verrichten, um die Freiheit des Denkens wiederzufinden und sich so zu sehen, wie man ist.

Was dich betrifft, falls du zweifelhafte Methoden praktiziert hast und erkennst, daß dein Geist irgendwie verwirrt worden ist, mußt du dich zuerst deinem geistlichen Begleiter öffnen, aber auch mit aufnahmebereitem Herzen diesen wundervollen Psalm singen, der dir den Frieden geben wird: «*Erforsche mich, Gott, und erkenne mein Herz, prüfe mich und erkenne mein Denken! Sieh her, ob ich auf dem Weg bin, der dich kränkt, und leite mich auf dem altbewährten Weg!*» (Ps 139,23-24).

2. Wenn das Herz berührt ist, bedauere ich meine Sünde

Damit das Herz berührt werde, ist es zuerst nötig, das Bewußtsein von seiner Sünde zu haben. «*Wenn wir sagen, daß wir keine Sünde haben, führen wir uns selbst in die Irre, und die Wahrheit ist nicht in uns*» (1 Joh 1,8). Es hat den Anschein, als ob die Sache nicht im voraus errungen sei, im Gegensatz zu dem, was man denken könnte. Außerdem muß man wirklich von der Notwendigkeit überzeugt sein, seinen Standort zu wählen: «*Wer die Sünde tut, stammt vom Teufel; denn der Teufel sündigt von Anfang an... Jeder, der von Gott stammt, tut keine Sünde... Er kann nicht sündigen, weil er von Gott stammt*» (1 Joh 3, 8-9).

Wer für Gott geöffnet ist, sieht seine Sünde

Um den Sinn für die Sünde zu haben, muß man zunächst den Sinn für Gott haben. Christen, die den Glauben besitzen, können aber den Sinn für die Sünde verloren haben. Die Sünde wird zunächst als eine Beleidigung Gottes erkannt, als einen Bruch der Einheit mit ihm, bevor sie sich auch gegen den Nächsten richtet, den wir vielleicht verletzt haben.

Papst Pius XII. wagte es, vor fünfzig Jahren zu erklären: «Die Sünde dieses Jahrhunderts ist der Verlust des Sinnes für die Sünde.»[22] Gab es einen Fortschritt seitdem? Das ist nicht sicher, wenn man daran denkt, daß allzu häufig «das Gute das ist, was einem gefällt, und das Böse das, was nicht gefällt». Was ist in solchen Fällen aus dem Bezug auf Gott

22 Pius XII., Radiobotschaft auf dem nationalen katechetischen Kongreß, Boston, 1946.

geworden? Wo liegen die Ursachen dieses Mangels? Johannes Paul II. sagt es uns:

— Es ist der **Säkularismus:** «Der Säkularismus ist in sich selbst und durch Definition eine Strömung von Ideen und Verhaltenswcisen, die zu einem Menschenbild führt, das vollständig von Gott losgelöst ist... Der Sinn für die Sünde meldet sich höchstens dort, wo dem Menschen Schaden zugefügt wird.»

— Es ist **das Bestreben, keine Schuldgefühle aufkommen zu lassen:** «Indem man von einigen Behauptungen der Psychologie ausgeht, bemüht man sich darum, keine Schuldgefühle aufkommen zu lassen und der Freiheit keine Schranken zu setzen; und dies führt dazu, niemals irgendeinen Fehler anzuerkennen.»

— Es ist ein **gewisser historischer Relativismus:** «Es kommt fast so weit, zwar anzuerkennen, daß die Sünde existiert, aber daß man nicht weiß, wer sie begeht.»

— Es ist die Verneinung **der Vaterschaft Gottes:** «Die Ablehnung jeglicher Beziehung zur Transzendenz, und zwar im Namen der persönlichen Autonomie..., die Bestrebung, keine Irrtümer und keine Fehler mehr zu sehen außer im sozialen Bereich.»

«(...) Im Bereich des Denkens und des kirchlichen Lebens gibt es Bestrebungen, die unvermeidlich eine Abschwächung des Sinnes für die Sünde begünstigen... Man befürwortet einen solchen Respekt vor dem Gewissen, daß damit die Pflicht aufgehoben wird, die Wahrheit zu sagen. Es sei noch hinzugefügt, daß damit in den Gewissen von zahlreichen Gläubigen große Verwirrung hervorgerufen wird, weil die Lehrmeinungen in der Theologie, in der Predigt, in der Katechese, in

der Seelenführung einander widersprechen in allem, was die schwerwiegenden und heiklen Fragen der christlichen Sittenlehre betrifft; dies führt schließlich dazu, daß der echte Sinn für die Sünde vermindert und schließlich fast ausgelöscht wird.»
Der Papst zieht daraus den Schluß: «Den rechten Sinn für die Sünde wiederherzustellen, das ist das erste Mittel, um dieser schweren geistlichen Krise entgegenzuwirken, welche so sehr auf dem Menschen unserer Zeit lastet. Der Sinn für die Sünde aber wird nur dann aufs neue geweckt, wenn die Menschen sich zu einer klaren Rückkehr zu den unverzichtbaren Prinzipien des Denkens und des Glaubens entschließen, wie sie die Sittenlehre der Kirche immer verkündet hat.»[23]

Es ist möglich, es zu bedauern

Wenn der Mensch seine Sünden erkannt hat, kann er sie bereuen. Das geistliche Leben beginnt mit diesem grundlegenden Akt der Demut, nämlich der Reue. Seine Sünden zu bereuen, darüber betrübt zu sein, das ist wesentlich, um eine gute Beichte abzulegen. Zuerst aber muß das Herz des Sünders angerührt worden sein, damit er zu einer Haltung und zu Gefühlen der Reue geführt wird. Wenn das Herz berührt worden ist, kann er die gute Richtung wiederfinden, d.h., die Richtung zu Gott, die von dem Sünder verlassen oder abgelehnt worden war. Das ist nämlich die Bekehrung: eine Umkehr. Das ist es auch, was nach der Predigt des heiligen Petrus am Pfingstmorgen mit den dreitausend Bekehrten geschah: «*Als sie das hörten, traf es sie*

23 Johannes Paul II., Apostolisches Rundschreiben: *Versöhnung und Buße*, Nr. 18.

mitten ins Herz, und sie sagten zu Petrus und den übrigen Aposteln: "Was sollen wir tun, Brüder?" Petrus antwortete ihnen: "Kehrt um, und jeder von euch lasse sich auf den Namen Jesu Christi taufen zur Vergebung seiner Sünden; dann werdet ihr die Gabe des Heiligen Geistes empfangen» (Apg 2,37-38).

Wenn der Sünder Jesus am Kreuze betrachtet, dessen Seite von dem Soldaten durchstoßen wurde, so wird auch ihm das Herz durchstoßen. Erst dann kann er seine Sünden bereuen.

Der heilige Pfarrer von Ars betonte: «Man sagt, daß es zwar viele gibt, die zur Beichte gehen, aber nur wenige, die sich bekehren. Das glaube ich wohl, denn es gibt so wenige, die mit Reue beichten.»[24]

Und das ist die Bekehrung

Weil das Menschenherz so verhärtet ist, während doch das Wort Gottes durch das Lehramt der Kirche so drängend ruft, und weil dieser Ruf allzu oft nicht gehört und nicht befolgt wird, darum erscheint die Gottesmutter.

Dann haben wir die Freude zu sehen, wie ein Stückchen von dem Schleier, der uns vom Himmel trennt, sich hebt; aber das ist für uns auch ein Ruf zur Ordnung: die Gottesmutter greift nämlich im Namen ihres Sohnes Jesus ein; und es geschieht immer, um uns zur Bekehrung, zur Buße und zur Reue aufzurufen, was ja zum Empfang des Sakramentes der Versöhnung führt. So ist es schon seit Jahrhunderten:

24 B. Nodet, *Pensées du curé d'Ars,* S.136.

— In La Salette, 1846:
«Wenn ich will, daß mein Sohn euch nicht aufgibt, dann bin ich gezwungen, ohne Unterlaß zu beten, und auch für die anderen…, und ihr macht euch nichts daraus… Verrichtet ihr auch gut eure Gebete, meine Kinder?»

— In Lourdes:
«Küßt die Erde als Buße für die Sünder…, für die Bekehrung der Sünder…», sagte die Gottesmutter zu Bernadette am 24. Februar 1858.

— In Pontmain 1870:
«Betet doch, meine Kinder, Gott wird euch in kurzer Zeit erhören. Mein Sohn läßt sich bewegen.»

— In Pellevoisin 1876:
Die Gottesmutter erscheint Estelle und gibt ihr eine Botschaft: «Das Herz meines Sohnes hat eine so große Liebe für das meinige, daß er meine Bitten nicht ablehnen kann. Für mich wird er die verhärtetsten Herzen rühren.»

— In Kibeho:
«Reinigt eure Herzen, denn die Zeit ist nahe» (2. Juli 1982). «Der Fremde, das ist nicht der, der von weit her kommt, sondern der, welcher fern von Gott ist» (1983).

— In Medjugorje:
«Liebe Kinder, ich möchte euch alle zu vollständiger Bekehrung einladen, damit eure Herzen von Freude erfüllt werden» (25. Juni 1990).
«(…) Wenn ihr nicht betet, dann könnt ihr nicht sagen, daß ihr auf dem Wege seid, euch zu bekehren» (25. Juni 1992).

«Kinderchen, ihr könnt nicht den wahren Frieden verwirklichen, wenn ihr nicht mit Jesus im Frieden seid. Darum lade ich euch ein, zur Beichte zu gehen, damit Jesus eure Wahrheit und euer Friede sei» (25. Januar 1995).

Die Notwendigkeit der Bekehrung besteht nämlich nicht nur am Anfang eines christlichen Lebens; sie ist jeden Tag unseres Lebens nötig, um in der Liebe, die uns gegeben wurde, zu wachsen. In diesem Sinne gewinnt unser Wunsch nach Bekehrung, welche niemals beendet ist, bei jeder unserer Beichten eine Überfülle von Gnaden.

Im Sakrament der Versöhnung ist jeder zu dieser Haltung des Herzens aufgerufen. Es kann nicht genügen, den Ursprung des Heiles zu kennen, man muß auch unbedingt an Jesus, den Retter, glauben. Der Glaube des Rationalisten hat noch niemals zur Reue geführt. Außerdem ist es noch nötig, daß der Christ Jesus selbst sein Herz berühren läßt. Es geht hier nicht um Sentimentalität, sondern um eine Beziehung von Herz zu Herzen, wie sie unerläßlich ist in der Begegnung zweier Personen, die bis zu den Tiefen der Liebe vordringen wollen: die unaussprechliche Gnade eines Lebens von Angesicht zu Angesicht, des Menschen mit seinem Gott, welches, wenn auch verhüllt, schon hier auf der Erde beginnt; und wenn diese Verbindung auch verhüllt ist, so kann sie deshalb doch gespürt werden. Sehr viele Christen fühlen sich nämlich auf diese Weise «berührt», entweder vor, während oder nach einer guten Beichte!

Manchmal wird diese Art, spürbar berührt worden zu sein, sogar sichtbar.

«An einem Tage, wo eine große Zusammenkunft stattfand, konnten wir eine Erfahrung davon machen. Der

Prediger hatte über das Sakrament der Versöhnung gesprochen; er war der einzige Priester bei vierhundert Teilnehmern. Während der Essenszeit baten zweihundert Personen darum, zur Beichte gehen zu dürfen. Aber das war ja nicht möglich. Der Priester empfing jeden und betete darum, daß das Problem sich lösen würde. Da fielen nacheinander zweihundert Beichtwillige auf die Knie, ehe sie sich dem Priester hatten nähern können. Dieser stand auf und ging zu ihnen hin, um sie aufzurichten. Wie groß war dann seine Überraschung, als er sah, daß auch die meisten der anderen Wartenden niedergekniet waren und daß sie die Hände vor das Gesicht gelegt hatten in einer Haltung der Buße!

Als er wieder nach Hause zurückgekehrt war, begriff er, was geschehen war. Zwar hatten nur wenige das Sakrament empfangen können, aber allen war das Herz berührt. Daher war es nicht wichtig, ob sie auf der Stelle einen Priester zu ihrer Verfügung hatten. Sie konnten auch bei sich zu Hause einem Priester begegnen.»

Letzten Endes war nämlich durch die Predigt des Priesters die wesentliche Gnade gespendet und empfangen worden. Das Schwierigste war getan. Man brauchte jetzt nur noch den Weg zu Ende zu gehen. Die Antwort des Herrn war für diesen Priester ein großer Trost, denn er war sehr traurig gewesen, weil er sah, daß so wenige Arbeiter für die Ernte vorhanden waren. Die Ernte war nämlich überreich gewesen!

Ein verwundbares Herz erbitten

Jesus, die zweite Person der Allerheiligsten Dreifaltigkeit, erwartet, daß ich nach dieser Begegnung mit ihm verlange. Seine Wunde begegnet dann meiner Wunde. Das ist keine Angelegenheit des Verstandes, sondern des Herzens. Ich bin dafür geöffnet, berührt zu werden, und das verpflichtet mich, denn es ist für das Leben. Die Erfahrung lehrt, daß niemand wieder von vorn anfangen kann. Die Minute, in der diese Gnade verwirklicht wird, besteht im verborgenen Plan der Liebe, die der Herr für jeden von uns bereithält. Er will diese Verwirklichung aber für alle und für jeden. Man muß zu warten verstehen, und das ist schon im voraus ein Grund zu unermeßlicher Freude. Es ist die innere Freude, die durch die Hoffnung geschenkt wird. Gott beginnt damit, unser Verlangen zu segnen.

In seiner Barmherzigkeit kann Gott mich immer empfangen, und zwar wegen seiner Treue, welche unwandelbar ist. Indem er mir verzeiht, ist Gott sich selbst gegenüber treu. Was Gott einmal gibt, das gibt er für immer. Er hat mir das Leben gegeben. Wenn ich dieses Leben nicht in der rechten Weise nutze, dann tut er alles, um mich dazu zu bewegen, zurückzukehren und mich seiner Gnade auszuliefern, damit er alles reparieren kann, und zwar siebzigmal siebenmal, wie er es von Petrus verlangt hatte (vgl. Mt 18,21).

Alles hängt von meiner Antwort auf das Angebot Gottes ab, das er mir in seiner Barmherzigkeit macht. Welch ungeheure Verantwortung! Aber auch welche Hoffnung! Alles wird möglich, weil wir hier im Bereich der frei geschenkten Liebe sind. Werde ich sie annehmen?

Auf der anderen Seite, ohne irgendein Verdienst meinerseits, erwartet der Herr in den Sakramenten unser Ja in der Zartheit eines liebenden und dankbaren Herzens. Daher besteht eine Verbindung, welche die beiden Sakramente, das der Eucharistie und das der Buße, miteinander vereint; sie sind ja alle beide ein Sakrament der Liebe. Wir ermessen jetzt die geistliche Anforderung, die das Sakrament der Versöhnung verlangt. Viele praktizierende Christen gehen am Sonntag zur heiligen Kommunion. Wie können sie aber so lange ohne den Wunsch und die Notwendigkeit der Versöhnung auskommen? Ist da nicht eine Verblendung zu beklagen? Zum mindesten ist es ein Mangel an Zartgefühl — oder Undankbarkeit. Oder vielleicht ganz einfach eine Gedankenlosigkeit infolge von Unkenntnis oder eine Unterlassung, die oft den Stolz zur Ursache hat, oder auch die Lauheit, weil der Kommunionempfang zur Gewohnheit geworden ist.

Es ist nicht leicht, seine Sünden wirklich zu bereuen. Du hast den Glauben, du weißt, was Sünde ist, du weißt, daß durch sie Gott beleidigt wird. Du glaubst an Gott, du liebst ihn bereits, und dennoch bist du undankbar gegen ihn, oder du hast sogar, weil es dir Vergnügen bereitete, schon wieder die gleiche Sünde begangen. Du würdest sie gern wirklich bereuen, aber es ist da eine Barriere zwischen dem, den du kennst, und deinem Herzen, welches bei diesen Dingen kalt bleibt.

Wir verstehen es gut, allzu gut, uns herauszureden. Dann muß man durchhalten in der Bitte um diese Gabe der Reue oder Zerknirschung. Sie ist eine

Gabe Gottes. Indem du darum bittest, fallen die Schranken, und das weitere geschieht auf der Ebene der geheimnisvollen Liebe Gottes über unserem Leben. Eines Tages ist diese Gabe da. Dann darfst du sie vor allem nicht abweisen.

Oft haben wir auch den Fehler, ein etwas kaltes Herz zu haben angesichts des Leides, das wir vielleicht einem Bruder zugefügt haben. In diesem Fall ist ein Gebet für das Vergangene nötig, wo wir, als das Herz verletzt wurde, uns zurückgezogen haben. Oder es ist dies das Ergebnis einer Formung oder Erziehung, wo uns zum Beispiel gesagt wurde: «Ein Soldat hat in seinem Beruf keine Seelenzustände»; «Wenn man will, dann kann man»; «Das Bedauern nützt nichts; man hätte sich halt nicht irren dürfen»; «Wenn du weinst, dann wirst du bestraft». Das sind Mechanismen auf der Basis des Voluntarismus, die unser Leben geprägt haben. Das Herz wird dabei erstickt. Wer kann es nun wieder erreichen, wer kann ihm das Leben zurückgeben, um es verwundet zurückzulassen, verwundet durch Reue aus Liebe zu dem, der beleidigt worden ist? — Der Herr selbst. Laß die Angst fallen, und bitte ihn um ein verwundbares Herz.

Wenn du dich in dieser Lage befindest, dann zögere nicht, darum zu bitten, daß für dich gebetet werde, damit du befreit wirst. Diese Zerknirschung drückt sich auf verschiedene Weisen aus: so gelangt man dahin, seine Sünden zu beweinen. Darin liegt nichts sentimentales. Das sind keine gewöhnlichen Tränen. Das ist eine Gabe Gottes. Im Römischen Missale gibt es eine Messe, um die Gabe zu erlangen, seine Sünden zu bereuen.

3. Im Geständnis befreit mich Gott von der Gefangenschaft der Sünde

Der heilige Augustinus sagt uns, daß das Geständnis von vorrangiger Bedeutung sei. «Der Anfang der guten Werke ist das Bekenntnis der bösen Werke. Du tust die Wahrheit und du gelangst zum Licht.»[25]

Innerlich seine Sünde zu bereuen, das ist wichtig, aber das kann nicht genügen, um diesen Austausch mit Gott zu erreichen, bei dem wir die Verzeihung empfangen. Wir müssen auch noch das Geständnis unserer Fehler aus den Tiefen unseres Herzens emporsteigen lassen, wie die Kirche es bei jeder Beichte verlangt. Das Geständnis befreit nämlich, und das sind nicht nur Worte, denn die Sünde ist für uns ein Gefängnis, das wir uns selbst gebaut haben, und nur der Herr selbst kann uns daraus befreien. Und er tut es, ohne zu zögern. So erklärt uns der Pfarrer von Ars, daß wir auf der Stelle unsere Niederlage eingestehen und unverzüglich um Verzeihung bitten müssen: «Wenn wir unglücklicherweise fallen, dann müssen wir unverzüglich wieder aufstehen..., und wir dürfen die Sünde nicht eine Minute lang in unserem Herzen verweilen lassen.»[26]

25 St. Augustinus, vgl. Joh 12,13.
26 B. Nodet, S.136.

Es ist vollkommen richtig zu sagen, daß das größte Gefängnis des Menschen die Sünde ist. Dies beweist das folgende Zeugnis:

> Als Priester habe ich die Gnade empfangen, gelegentlich die Gefängnisse besuchen zu können. Es ist ein unvergleichliches Geschenk, ganz konkret das Wort Jesu zu entdecken: «*Ich war im Gefängnis, und ihr seid zu mir gekommen*» (Mt 25,36). So hatte ein Ehepaar, welches das Gefängnis besuchte, einem lebenslänglich Gefangenen das Wort Gottes verkündigt, und die beiden sahen, wie dieser ungefähr fünfzigjährige Mann sich bekehrte. Er wartete nur noch darauf, einem Priester zu begegnen. Er schrieb mir: «Sie werden kommen, ich werde Verzeihung erhalten, Sie werden für mich beten, und ich werde vom Bösen befreit sein.» So geschah es dann auch. Nach der Beichte machte er diese Erfahrung, «befreit» zu sein. Selbst physisch war er ein anderer geworden. Er wollte mich nicht fortgehen lassen, ohne mir nachdrücklich zu sagen: «Machen Sie sich keine Sorgen um mich, weil ich hier nicht frei bin, aber ich habe das Wesentliche: ich bin befreit. Sie werden jetzt auf die andere Seite der Mauer gehen; sagen Sie den anderen, welche die Bewegungsfreiheit haben, daß darin nicht das Wesentliche liegt, daß sie möglicherweise in der Illusion leben. Sagen Sie ihnen, daß sie zu Jesus gehen sollen. Er allein kann sie befreien. Vor allem dürfen sie nicht weiterhin die Gefangenen ihrer selbst bleiben.»
>
> Nach langen Jahren der Gefangenschaft wurde dieser Mann wegen guter Führung aus dem Gefängnis entlassen. Als er dann kam, um mich zu besuchen, haben wir

uns umarmt. Die Leute fragten sich, was da vor sich ging. Das Geheimnis, das uns zu einer so tiefen Freundschaft verband, war Jesus selbst. Ich hatte mit Fleisch und Blut einen Bruder vor mir gesehen, den Jesus gerettet hatte. Die geschwisterliche Liebe seiner Besucher hatte sein Herz berührt, und er hatte daraufhin die Sünden seines vergangenen Lebens bereut. Aber diese Bekehrung mußte noch durch das Siegel des Sakramentes bekräftigt werden. Danach war alles vollständig.

Vor kurzem bin ich ihm wieder begegnet. In einem großen und schönen Haus, das ihm durch das Entgegenkommen einer Diözese zur Verfügung gestellt worden ist, empfängt er jetzt diejenigen, die ärmer sind als er. Er glaubt fest daran, daß Jesus sie alle retten wird …, und er hat recht damit.

Das ganze Evangelium hindurch verrichtet Jesus durch seine Lehre und seine Wunder sein Werk der Befreiung. Dafür ist er gekommen: «*Der Geist Gottes, des Herrn, ist über mir, denn der Herr hat mich gesalbt…, damit ich den Gefangenen die Entlassung verkünde und den Gefesselten die Befreiung*» (Jes 61,1), so verkündet der Prophet, indem er vom Messias spricht. Der Priester empfängt diese Salbung am Tage seiner Priesterweihe, um die Gefangenen der Sünde zu befreien.

Sich entschließen, sein Gefängnis zu verlassen

Der Mensch kann sich seiner Gefangenschaft bewußt sein, ohne sich indessen zu entschließen, sein Gefängnis zu verlassen. «Die Gewohnheit wird zur zweiten Natur», so sagt man. Bei der Sünde ist das manchmal wirklich der Fall; man spricht dann von der «Gewohnheitssünde». Der

Herr aber befreit uns von dieser Sklaverei. Das ist eine der Gnaden, die im Sakrament der Versöhnung enthalten sind. Der Herr wollte diesen Dienst der Befreiung dem Priester verleihen. Durch den Empfang der Salbung hat der Priester nicht nur die Vollmacht erhalten, von den Sünden loszusprechen, sondern auch, «die Gefangenen zu befreien». Darum wird er ein Gebet um Befreiung verrichten, im Namen Jesu, dessen Stelle er in diesem Sakramente einnimmt. So erfüllt sich das Psalmwort:

> *«Du bist mein Schutz, bewahrst mich vor Not,*
> *du rettest mich und hüllst mich in Jubel»* (Ps 32,7).

Vergessen wir nicht, daß die Gnade der inneren Befreiung, welche die Befreiung des ganzen Menschen bewirkt, notwendigerweise über das Geständnis geht: *«Ich will aufbrechen und zu meinem Vater gehen und zu ihm sagen: Vater, ich habe mich gegen den Himmel und gegen dich versündigt»* (Lk 15,18).

Das Geständnis kann durch nichts ersetzt werden. Das wird nachdrücklich vom heiligen Paulus betont: *«Wer mit dem Herzen glaubt und mit dem Mund bekennt, wird Gerechtigkeit und Heil erlangen»* (Röm 10,10). Deshalb wird auch verlangt, daß die Ehegatten, obwohl sie miteinander in der vollständigsten Transparenz leben, dieses Sakrament immer getrennt empfangen, sogar nach einem guten, loyalen und vertrauensvollen Gespräch des Ehepaares mit dem Priester. Das Ehepaar lebt nämlich in der Gemeinsamkeit, aber nicht in einer Art von Verschmelzung, die aus zwei Personen eine einzige machen würde. Jeder bewahrt seine Verantwortung, also seine persönliche Art, die göttliche Barmherzigkeit und das Mitleid Jesu in Empfang zu nehmen.

Seine Sünde zugeben zu können, das ist indessen eine Gnade Gottes. Bei gewissen schweren Sünden kann es schwierig sein, sie zu bekennen. Dann muß man den Namen Jesu anrufen und sich Maria anvertrauen. Danach wird alles ganz leicht. Das Geständnis ablegen, das bedeutet, seine Sünden Gott zu übergeben mit absolutem Vertrauen in die göttliche Barmherzigkeit. Wenn man sie aber für sich behält, wenn man immer wieder an sie denkt, dann werden damit Schuldgefühle und Qualen hervorgerufen. Gott hat indessen nicht auf das Sakrament gewartet, um dem reuigen Sünder selbst zu sagen, daß seine Sünde bereits vergeben ist, denn in Gott gibt es nichts Gesetzliches. Was zählt, das ist zunächst die Verfassung des Herzens, die Zerknirschung, die Gott zuerst vom Sünder erwartet. Jesus aber hat dieses Sakrament nicht für nichts eingesetzt, und kein Christ kann sich darüber hinwegsetzen, ohne der Anmaßung zu verfallen, und diese ist ein besonders günstiges Terrain für den Versucher. Das Geständnis und die Absolution befreien, aber sie schützen auch den Sünder. Wenn er nochmals in die gleiche Sünde fällt, dann wird sich Gott infolge des empfangenen Sakraments ganz besonders um ihn kümmern. Gott ist getreu und belohnt immer das, was mit ehrlichem Herzen ihm gegenüber geschah.

Gott gewährt es durch seine Gnade

Im Geständnis lenken wir unsere Aufmerksamkeit nicht auf unsere Schwachheit, die dazu geführt hat, daß wir gefallen sind, sondern wir übergeben uns Gott, der immer bereit ist, uns beim leisesten Rufe aufzurichten. *«Wenn wir unsere Sünden bekennen, ist er treu und gerecht; er vergibt uns die Sünden und reinigt uns von allem Unrecht»* (1 Joh 1,9). Dieses spontane Geständnis ist es, das der Herr von uns erwartet, denn es gleicht einem Schrei, der zu ihm empordringt.

«In ihrer Bedrängnis schrien sie zum Herrn, die er ihren Ängsten entriß; er sandte ihnen sein Wort, er heilte sie und befreite sie vom Verderben» (Ps 107, 19-20).

Wenn die Reue notwendig ist, um die Verzeihung zu erlangen, so ruht diese allein auf dem Opfer Christi, welches ein Unglück in einen Sieg verwandelt: Zuvor waren wir Sklaven der Sünde, und Gott macht uns mit ihm zu Siegern. *«Du hast mit deinem Blut Menschen für Gott erworben aus allen Stämmen und Sprachen, aus allen Nationen und Völkern, und du hast sie für unseren Gott zu Königen und Priestern gemacht; und sie werden auf der Erde herrschen»* (Offb 5,9-10).

Die Versöhnung ist das Werk Gottes, selbst wenn es an uns liegt, wie der Verlorene Sohn einen Schritt zu tun. *«Gott hat sich durch Christus mit sich versöhnt ... Wir bitten euch an Christi Statt: Laßt euch mit Gott versöhnen»* (2 Kor 5;18,20). Im Bekenntnis meiner Sünden nehme ich Jesus, den Retter, auf, ich lasse mich lieben von ihm, der kommt, um mir die Barmherzigkeit des Vaters zu schenken, und dies ist es, was mir den Mut gibt, meine Sünde zu gestehen, die mir wie ein Berg zu sein schien. Die heilige Theresia vom Kinde Jesus hat das am Ende ihres Lebens, am 11. Juli 1897, so gut ausgedrückt:

> «Verstehen Sie, meine Mutter, daß selbst dann, wenn ich alle nur möglichen Verbrechen begangen hätte, ich immer noch das gleiche Vertrauen hätte, ich würde fühlen, daß diese große Zahl der Beleidigungen wie ein

Wassertropfen wäre, der in ein riesiges Feuer geworfen würde.»[27]

Derjenige, der eine schwere Sünde bekennt, die auf seinem Gewissen lastete, findet sich plötzlich davon befreit. Sie war ein Druck, der vielleicht jahrelang auf der Seele lastete, und der mit einem Schlag von einem genommen wurde.

Man muß aber den Mut haben, seine Sünde zu bekennen, und auch den Freimut, sie in der rechten Weise zum Ausdruck zu bringen. Das Gebet befreit uns von diesem Dämon, der stumm ist und uns daran hindert zu sprechen. In einem solchen Falle ist es oft so, daß der Herr seinem Priester das Charisma gibt, in den Herzen zu lesen: «Sie haben noch etwas zu sagen, zögern Sie nicht.»

Der Büßende muß immer davon überzeugt sein und sich daran erinnern, daß Gott vollständig verzeiht und sogar so weit geht, dessen Sünde zu vergessen. *«Alle, klein und groß, werden mich erkennen…, denn ich verzeihe ihnen die Schuld; an ihre Sünde denke ich nicht mehr»* (Jer 31,34). Was für eine Erleichterung ist das dann für den, der eine schwere Sünde auf dem Gewissen hatte und dem von Gott verziehen worden ist.

Wenn du eines Tages Schwierigkeiten hast, dich einer Sünde anzuklagen, dann vertraue dich Maria an, wenn du deine Beichte vorbereitest. Bitte sie darum, den Weg, dein Herz und deine Lippen vorzubereiten, um sprechen zu können. Mit der Sanftmut einer Mutter wird sie dich bis zu dem Priester

27 Manuscrits Autobiographiques, S. 302.

begleiten, in der Verborgenheit deines Herzens und des ihrigen, und du wirst ganz überrascht sein.

Wenn du immer wieder den gleichen Fehler begehst, dann wird der Dämon der Lüge dir einflüstern, daß es zwecklos sei, dich deshalb jahrelang immer aufs neue anzuklagen... Das ist falsch. Man muß im Bekenntnis durchhalten. Wenn du es immer wieder bekennst, wirst du dadurch die notwendigen Gnaden erhalten, um den geistlichen Kampf fortzusetzen, selbst wenn der Sieg noch nicht errungen ist. Im gegenteiligen Fall ist aber die vollständige Niederlage gewiß. Im geistlichen Leben darf man niemals aufgeben. Die Ausdauer wirkt Wunder.

Die Sünde ist eine Sklaverei. Das Geständnis der Sünde zerbricht die Ketten dieser Sklaverei. Der Priester darf von deinem Bekenntnis nichts weitersagen, du aber kannst es tun. Zögere nicht, davon Zeugnis zu geben, wie Jesus dich durch das Bekenntnis deiner Sünden befreit hat, und wie dadurch dein Leben umgewandelt worden ist.

4. Die Absolution und die Buße

Nach dem Bekenntnis unserer Sünden gibt der Priester uns eine «Buße» auf und spricht die Absolution. Das ist der entscheidende Augenblick, denn in bestimmten, genau festgelegten Fällen ist der Priester verpflichtet, die Absolution aufzuschieben oder zu verweigern. Nicht er ist es, der das entscheidet, sondern die Kirche, und daher ist er nicht berechtigt, in gewissen schwierigen Fällen nach eigenem Gutdünken zu handeln. Wenn zum Beispiel jemand seinem Nächsten großes Unrecht zugefügt hatte und nur den einen Wunsch hat, damit wieder von vorn zu beginnen, dann kann er nicht die Absolution empfangen, so lange er diesem Wunsche nicht entsagt. Ebenso ist es bei einem Ehemann, der seine Gemahlin verlassen hat, um sich eine andere zu nehmen und sich in dieser zweiten Gemeinschaft «eingerichtet» hat; auch er kann nicht die Absolution empfangen, so lange er nicht sein Leben geändert hat. Es ist nicht erlaubt, die Frau seines Nächsten zu nehmen. Die Sittenlehre hat sich nicht geändert seit Johannes dem Täufer, welcher dem Herodes vorgeworfen hatte, die Frau seines Bruders genommen zu haben (vgl. Mk 6,18). Das ist keineswegs eine Bestrafung durch die Kirche, sondern nichts anderes als die Anwendung der reinsten Logik. Um die Absolution zu empfangen, muß man sich entschließen, seiner Sünde — ganz gleich, um welche es sich handelt — zu entsagen.

Wahrheit und Barmherzigkeit in der Absolution

In solchen schmerzhaften Fällen aber werden diese Christen von der Kirche keineswegs verlassen. Papst Johannes Paul II. erinnert daran:

> «Mit der Synode ermahne ich dringend die Hirten und die Gemeinschaft der Gläubigen in ihrer Gesamtheit, den wiederverheirateten Geschiedenen zu helfen. Mit großer Liebe sollen alle sich so verhalten, daß sie sich nicht von der Kirche getrennt fühlen, denn sie können

— und sollen sogar — als Getaufte an ihrem Leben teilnehmen.»[28]

Es ist sehr unglücklich, sich auf diese Verweigerung der Absolution und der Eucharistie für die wiederverheirateten Geschiedenen zu fixieren. Es ist ein sehr logischer Grundsatz, der auch für alle anderen Fehler in Bezug auf die Zehn Gebote gilt. So ist zum Beispiel ein Dieb verpflichtet, das Geld zurückzugeben, das er gestohlen hat. In anderen Fällen wird der Priester entscheiden, ob der Büßende geistliche Fortschritte machen wird, wenn ihm die Absolution lediglich aufgeschoben wird.

Das ist der wichtige Augenblick, der aber nur dann seinen ganzen Wert entfaltet, das heißt, der nur dann alle für die Absolution verheißenen Gnaden zur Wirkung kommen läßt, wenn alle vorhergehenden Stufen ernsthaft und mit Eifer beobachtet worden sind, wie es soeben beschrieben worden ist. Es handelt sich um eine sakramentale Formel, (die absolut nichts mit einem magischen Ritus zu tun hat). Hören wir, was unser Papst Johannes Paul II. dazu sagt:

> «Der Wortlaut der sakramentalen Form: "Ich vergebe dir..." und die Handauflegung, die von einem Kreuzzeichen gefolgt ist, mit dem der Büßende bezeichnet wird, machen kund, daß in diesem Augenblick der reuige und bekehrte Sünder mit der Macht und Barmherzigkeit Gottes in Verbindung tritt. Es ist der Augenblick, in welchem die Allerheiligste Dreifaltigkeit sich als Antwort an den Büßenden gegenwärtig werden läßt, um seine Sünden auszulöschen und ihm seine Unschuld wiederzugeben. Die heilbringende Kraft des

28 Johannes Paul II., Apostolisches Rundschreiben: *Familiaris consortio,* Nr. 84.

Leidens, des Todes und der Auferstehung Jesu wird dann diesem Sünder mitgeteilt, als "Barmherzigkeit, die stärker ist als die Sünde und die Beleidigung", wie ich schon in der Enzyklika *Dives in misericordia* zu betonen die Gelegenheit hatte. Gott ist immer der durch die Sünde in erster Linie Beleidigte — *«gegen Dich allein habe ich gesündigt»* —, und Gott allein kann vergeben. Nur der Glaube kann die Versicherung geben, daß in diesem Augenblick jede Sünde durch das geheimnisvolle Eingreifen des Erlösers vergeben und ausgelöscht worden ist.»[29]

Seine Buße verrichten

Der Priester gibt auch eine Buße auf. Wie soll sie geistlicherweise vollzogen werden? Sie ist Bestandteil des Sakramentes, sie ist gleichsam dessen Vollendung. Nach der Absolution verlassen wir den Priester und leben nun von Herz zu Herzen mit dem Herrn, um diese Buße zu verrichten. Es ist so, als ob der Herr uns auch einen kleinen Anteil zu tun gäbe, während er es doch war, der uns in diesem Sakrament vollständig gerettet hat und obwohl in diesem Sakrament doch alles ein ungeschuldetes Geschenk ist. Der Beweis dafür ist, daß nach der gespendeten Absolution die Sünden vollständig vergeben sind. Eine schwere oder leichte Buße zu verrichten, das wird nichts zu der von Gott geschenkten Verzeihung hinzufügen.

Die Theologie nennt diese letzte Stufe des Sakramentes die **Genugtuung.**

29 Johannes Paul II., *Die Versöhnung und die Buße, 1984,* Nr. 31, III.

«Die Genugtuung ist der Schlußakt, der das sakramentale Zeichen der Buße krönt. In manchen Ländern wird das, was der Büßende, der die Verzeihung erhalten hat und losgesprochen worden ist, zu erfüllen bereit ist, auch «Buße» genannt. Was ist nun der Sinn dieser Genugtuung, die man verrichtet, oder dieser Buße, die man auf sich nimmt? Sie ist natürlich nicht der Preis, den man dafür bezahlt, daß die Sünde vergeben und die Verzeihung erlangt worden ist: Kein menschlicher Preis könnte einen Gegenwert darstellen für das, was um den Preis des kostbaren Blutes Christi erlangt worden ist. Die Akte der Genugtuung — sie sollten, wenngleich sie einen Charakter der Einfachheit und Demut bewahren, doch eigentlich besser all das zum Ausdruck bringen, was sie bedeuten — sind der Hinweis auf wichtige Dinge: Sie sind das Zeichen des persönlichen Engagements, das der Christ vor Gott im Sakrament auf sich genommen hat, nämlich ein neues Leben zu beginnen. (Deshalb sollten diese Akte sich nicht nur auf einige zu rezitierende Gebete beschränken, sondern in Werken bestehen: Werken des Gottesdienstes, der Nächstenliebe, der Barmherzigkeit, der Wiedergutmachung.) Diese Akte der Genugtuung beinhalten den Gedanken, daß der Sünder, der die Verzeihung erlangt hat, fähig ist, seine eigene körperliche oder geistliche Abtötung, die gewollt oder zumindest akzeptiert ist, mit dem Leiden Jesu vereinigt, der ihm die Verzeihung erlangt hat.[30]

30 ibd. Nr. 31, III.

Diese Buße zu verrichten, das hat nichts «Bürokratisches» an sich, sie ist eine Sache des Herzens. Oft ist diese Buße nur «klein». Der praktische Grund ist einleuchtend: der Büßende, der von der Last seiner Sünden befreit worden ist, soll in den darauffolgenden Tagen nicht von Gewissensbissen gequält werden, wenn er etwa nicht in der Lage gewesen ist, die durch den Priester auferlegte Buße zu verrichten. Wenn andererseits aber der die Verzeihung gefundene Büßende es wünscht, kann er mehr tun als das, was der Priester von ihm verlangt hat.

Wer wird die Wiedergutmachung leisten?

Wenn der Büßende gebeichtet hat und wenn ihm seine Sünden vergeben worden sind, muß er Wiedergutmachung leisten. Um welche Wiedergutmachung handelt es sich jedoch? Wenn die Sünde in einem Diebstahl bestand, dann ist der Büßende verpflichtet, Wiedergutmachung zu leisten, indem er dem Eigentümer das Gestohlene wiedergibt. Wenn er es aber ausgegeben hat, dann muß er das Gestohlene ersetzen, so wie es seine Mittel erlauben und sobald er es kann. Er wird das, was er gestohlen hat, «diskret» zurückgeben, er ist nicht verpflichtet, seinen Fehler bekanntzugeben (außer gegenüber Gott). Wenn es ihm unmöglich ist, den Schaden wiedergutzumachen, dann muß er den Gegenwert den Armen geben. Wie immer es auch sei, das Gestohlene kann nicht dem Dieb gehören. Dem Nächsten Wiedergutmachung zu leisten, ist also in jedem Falle nach Maßgabe des Möglichen gefordert. Ein anders Beispiel: Wenn jemand den guten Ruf eines anderen durch üble Nachrede oder Verleumdung geschädigt hat, dann muß Wiedergutmachung geleistet werden. In einem erneuten Tun geht es jetzt darum, sich zu entschuldigen, zu gestehen, daß man sich geirrt hat oder nicht objektiv gewesen ist. Das ist im beruflichen oder ganz einfach geschwisterlichen Zusammenleben sehr wichtig.

Was die Wiedergutmachung unserer Sünden, die wir gegen Gott begangen haben, betrifft, so ist es hier nicht das Gleiche. Wir müssen demütig anerkennen, daß Jesus, unser Retter, allein unsere Sünden wiedergutmachen konnte. *«Ich bessere ihre Risse aus, ich richte ihre Trümmer auf»* (Am 9,11), sagt uns der Prophet im Alten Testament, indem er damit das Heilswerk ankündigt, das der Erlöser vollbringen wird. Selbstverständlich müssen wir unsere Leiden und unser Leben als Sühnopfer darbringen; aber es ist unmöglich, uns aus uns selbst zu retten. Können wir Verdienste erwerben? Die Kirche sagt uns im Katechismus dazu:

> «Die Buße soll so weit wie möglich der Schwere und der Natur der begangenen Sünden entsprechen. Buße kann bestehen im Gebet, in einer Gabe, in Werken der Barmherzigkeit, im Dienst am Nächsten, im freiwilligen Verzicht, im Opferbringen und vor allem in der geduldigen Annahme des Kreuzes, das wir zu tragen haben.» (…) Sodann wird das Konzil von Trient zitiert: «Diese Genugtuung, die wir für unsere Sünden ableisten, ist aber auch nicht so die unsrige, daß sie nicht durch Christus Jesus wäre; denn wir, die wir aus uns allein nichts vermögen, vermögen mit der Mitwirkung *dessen, der uns stärkt, alles»* (vgl. Phil 4,13). So hat der Mensch nichts, dessen er sich rühmen könnte; vielmehr ist unser ganzes «Rühmen» in Christus, in dem wir Genugtuung leisten, indem wir *«würdige Früchte der*

> *Buße bringen»* (Lk 3,8; Mt 3,8), die aus ihm ihre Kraft haben, von ihm, dem Vater, dargebracht werden und durch ihn vom Vater angenommen werden.»[31]

> An anderer Stelle heißt es: «Die Liebe Christi ist in uns die Quelle all unserer Verdienste vor Gott... Die Heiligen waren sich stets lebhaft bewußt, daß ihre Verdienste reine Gnade sind.»[32]

Der Katechismus zitiert auch die heilige Theresia vom Kinde Jesus:

> «Nach der Verbannung auf Erden hoffe ich, in der Heimat mich an dir zu erfreuen; aber ich will nicht Verdienste für den Himmel sammeln, sondern **allein für deine Liebe** arbeiten.»[33]

Die Absolution in der rechten Gesinnung zu empfangen, das bedeutet, sie in seinem Herzen und in den Tiefen seiner Seele entgegenzunehmen. Deshalb kann dieses Sakrament auch nicht in Hast erledigt werden. Der Sünder empfängt eine so große Gnade, daß er sie in großer innerlicher Sammlung leben muß. Wenn du zu Beginn deiner Beichte nicht gesammelt warst, dann ist es gut, dich im Augenblick der Absolution niederzuknien, um deine Kleinheit vor Gott zum Ausdruck zu bringen. Das ist jetzt nicht mehr der Augenblick, mit dem Priester einen geistlichen Dialog zu führen. Du mußt jetzt dein ganzes Inneres für die Verzeihung

31 *Katechismus der katholischen Kirche,* Nr. 1460.
32 ibd. Nr. 2011.
33 Akt der Hingabe an die Barmherzige Liebe.

Gottes öffnen, das heißt, für seine Liebe. Darum ist es gut, diesen Augenblick in der Sammlung zu verbringen; die Kirche gibt den Rat, unmittelbar zuvor oder während dieser Zeit einen Akt der Zerknirschung zu erwecken. In diesem Augenblick wird die Gnade gewährt und wird Frucht tragen.

Die zu verrichtende Buße, sei es nun eine Handlung oder ein Gebet, wird in der Reue verrichtet, aber auch in der Dankbarkeit für die empfangenen Wohltaten. Auch das ist eine Frage der Liebe. Du kannst dann, wenn dein Herz dir das eingibt, die Buße «verdoppeln»: Statt *ein* Gesätzchen vom Rosenkranz zu beten, betest du zwei. Was immer auch die aufgegebene Buße beinhaltet, zögere nicht, noch ein persönliches Dankgebet für die im Sakrament erhaltenen Wohltaten hinzuzufügen, wie zum Beispiel den Psalm 103: *«Lobe den Herrn, meine Seele, und vergiß nicht, was er dir Gutes getan hat.»*

Du siehst, im Grunde genommen ist das Beichten eine Antwort auf die göttliche Liebe durch die Liebe. Es ist die Gelegenheit, das Herz sprechen zu lassen. Du kannst dich dann fragen: ist wohl derjenige, der nicht den ganzen Reichtum des Sakramentes der Versöhnung entdeckt hat, bis ans Ende der Liebe gegangen? In diesem Fall antworte zunächst für dich selbst auf diese Frage und entschließe dich, immer treu zu sein, was dieses Sakrament betrifft. Ist es nicht gerade hier, wo Jesus dich erwartet, um dich noch mehr wachsen zu lassen in seiner Liebe?

5. Befreit, doch der Kampf geht weiter

Gewöhnlich ist es so, daß immer nach einem schönen Sieg Jesu in uns der Kampf beginnt. Man muß darauf vorbereitet sein. Es gibt das, was die Gnade in uns wirkt: die Verzeihung, die Heilung und die Befreiung. Es bleibt nun das zu tun, was unsere Sache ist. Wenn es uns wirklich leid tut, die Sünde begangen zu haben, dann werden wir all unsere Kräfte einsetzen, um nicht wieder in sie zurückzufallen, und zwar aus Liebe zum Herrn: das ist der geistliche Kampf.

Der geistliche Kampf gegen uns selbst, gegen die Idole und gegen den Teufel

Mit Jesus und der Kraft des Heiligen Geistes geht es zunächst darum, «*den irdischen Begierden nicht nachzugeben, die gegen die Seele kämpfen*» (1 Petr 2,11). In der Tat, «*die Begierde des Fleisches*» (1 Joh 2,16) versucht, das Werk des Heiligen Geistes in uns zunichte zu machen: «*Unzucht, Unsittlichkeit, ausschweifendes Leben, Götzendienst, Zauberei, Feindschaften, Streit, Eifersucht, Jähzorn, Eigennutz, Spaltungen, Parteiungen, Neid und Mißgunst, Trink- und Eßgelage und ähnliches mehr... Wer so etwas tut, wird das Reich Gottes nicht erben*» (Gal 5,19-21). Fleisch und Geist stehen im Gegensatz zueinander. Der Apostel Paulus sagt dazu: «*Das Trachten des Fleisches führt zum Tod, das Trachten des Geistes aber zu Leben und Frieden*» (Röm 8,6). Es gibt also notwendigerweise einen Kampf, und der Apostel greift bei den Galatern sehr kraftvoll ein, damit sie durchhalten in dem, was sie errungen haben: «*Seid ihr so unvernünftig? Am Anfang habt ihr auf den Geist vertraut, und jetzt erwartet ihr vom Fleisch die Vollendung*» (Gal 3,3).

Zu dem inneren Kampf, den wir gegen uns selbst zu führen haben, kommt noch der andere Kampf gegen die Verführungen der Welt. Hierzu empfiehlt der heilige Johannes den Christen die Wachsamkeit: «*Meine Kinder, hütet euch vor den Götzen*» (1 Joh 5,21).

Es handelt sich aber vor allen Dingen um den Kampf gegen den Widersacher, der jeden geistlichen Fortschritt verhindern will, welcher von den guten Früchten der Beichte herrührt. Seien wir realistisch: der Teufel ist ein erbitterter Gegner des Bußsakramentes. Wir müssen uns für Gott entscheiden und jeden Kompromiß mit dem Geist der Welt ablehnen: «*Wir wissen: Wir sind aus Gott, aber die ganze Welt steht unter der Macht des Bösen*» (1 Joh 5,19). Täuschen wir uns nicht: der Kampf ist unvermeidlich. Der heilige Petrus sagt uns: «*Seid nüchtern und wachsam! (...) Leistet ihm Widerstand in der Kraft des Glaubens!*» (1 Petr 5; 8,9). Es gibt nämlich kein geistliches Wachstum ohne Kämpfe. Jesus will für uns den Sieg über den Teufel in den Versuchungen. Hier kommt der Beichte eine sehr wichtige Aufgabe zu: Wenn man von neuem gesündigt hat, dann wird Gott den Sünder wieder aufrichten, der dann neue Kräfte für den Kampf erhält. Der Priester gibt auch gute Ratschläge über die Art und Weise des Kampfes, um den Sieg zu erringen, denn man kämpft ja nicht um des Kampfes willen, sondern um zu siegen. Die häufige Beichte ist die Gelegenheit, hier einen Schlußstrich zu ziehen, um endlich aus der Sünde herauszukommen. Die Beichte ist also unerläßlich für den geistlichen Kampf. Häufig ist es so, daß diejenigen, die diesen Kampf nicht kennen, auch diejenigen sind, die nur selten zur Beichte gehen. Diejenigen aber, die regelmäßig beichten, werden bald feststellen können, daß sie Fortschritte im geistlichen Leben machen.

Um die Versuchungen zu bekämpfen

Manchmal sind die Christen angesichts der Versuchungen beunruhigt oder erstaunt. Der heilige Pfarrer von Ars sieht darin keinen Skandal, sondern die natürlichste Sache der Welt:[34]

> «Die Versuchung ist manchmal nützlich, um uns durch Akte der Liebe an die Gegenwart Gottes zu erinnern...»
> «Im Kampf und in der Annahme der Leiden, die er uns schickt, beweisen wir Gott unsere Liebe.»
> Er wagt sogar hinzuzufügen, daß «die größte Versuchung darin besteht, keine mehr zu haben».
> Er macht keinen «Berg» daraus, er bleibt ruhig angesichts der Prüfung: «Der liebe Gott verlangt von uns nicht das Martyrium, sondern nur den Widerstand gegen einige Versuchungen.»
> Er verharmlost jedoch nicht die Bedeutung des Kampfes, den wir gegen den Teufel in den Versuchungen auf uns nehmen müssen. Für ihn ist es so, daß der Teufel diejenigen, die entschlossen sind, Jesus zu lieben, am stärksten angreift: «Der Teufel versucht vor allem die schönen Seelen.»
> «Wenn der Teufel sieht, daß eine Seele nach der Vereinigung mit Gott verlangt, dann verdoppelt er seine Wut.»
> «Die größten Heiligen sind diejenigen, die am meisten versucht worden sind.»
> Er gibt uns den Schüssel, um den Sieg in den Versu-

34 Die folgenden Zitate finden sich in: B. Nodet, *Pensées du curé d'Ars*, Seiten 171 bis 176.

chungen zu erringen: «Wenn wir von der heiligen Gegenwart Gottes durchdrungen wären, dann wäre es für uns leicht, dem Feind zu widerstehen.»
«Wenn der Teufel eine Person verderben will, dann beginnt er damit, ihr einen großen Widerwillen gegen das Gebet einzuflößen.»
«Wenn wir von Versuchungen bedrängt werden, dann dürfen wir uns nicht von der Mutlosigkeit besiegen lassen.»
«Durch das Gebet und die Abtötungen erringen wir den Sieg über die teuflischen Versuchungen.»
«Drei Dinge sind gegen die Versuchungen unbedingt notwendig: Das Gebet, um uns zu erleuchten, die Sakramente, um uns zu stärken und die Wachsamkeit, um uns zu bewahren.»
In allen Versuchungen sah der heilige Pfarrer von Ars den möglichen Sieg und den sicheren Weg zum ewigen Leben: «Die Kämpfe bringen uns an den Fuß des Kreuzes, und das Kreuz an die Himmelstür.»

Letzten Endes ist es nicht die Versuchung, die das Schwierige ist, sondern die Tatsache, nicht zu wissen, wie man gegen sie kämpfen soll, um den Sieg zu erringen.

Dann wird eine große Hoffnung erblühen: die Hoffnung, Jesus mehr lieben zu können. Wir werden feststellen, daß unsere Schwächen beherrscht werden können. Nach und nach legen wir die schlechten Gewohnheiten ab. Der Herr aber will uns noch viel mehr schenken als den Sieg in den Versuchungen. Er will uns in seiner Liebe stark machen: *«Der Gott aller Gnade aber … wird euch, die ihr kurze Zeit leiden müßt, wieder aufrichten, stärken, kräftigen und auf festen Grund stellen»* (1 Petr 5,10).

Beunruhigung und schwere Lasten abschütteln

Allzuviele Christen aber, die dem Herrn gegenüber wirklich großmütig sind, lassen sich noch «in die Falle locken». Durch die Sorgen, die schließlich zur Beunruhigung werden, kann sich der Irrtum einstellen, sich allzuviele großmütige Einsätze aufzubürden, wenn wir eine gute Gesundheit haben. Solche Tätigkeiten sind oft mit der rechten Maßhaltung nicht zu vereinbaren, sie können auch zur Zerstreuung der Gedanken und des Herzens führen.

Dies ist die Ursache der unser Leben schwer machenden Belastungen, die man von sich fernhalten muß. In der Beichte müssen wir sie an den Kreuzesstamm Jesu legen. Der Apostel Paulus sagt uns: *«Sorgt euch um nichts»* (Phil 4,6). Derjenige, der sich von Sorgen erdrücken läßt, dem fehlt es an Hingabe und Vertrauen an Gott. Er soll den Herrn dafür um Verzeihung bitten.

Um diese Falle zu umgehen, die darin besteht, sich wegen aller möglichen Dinge zu beunruhigen, was schließlich zur Verängstigung führt, müssen wir uns zuerst um Wachsamkeit bemühen. Sie ist es, die uns eingibt, unsere Sorgen eine nach der anderen dem Herrn zu übergeben, womit erreicht wird, daß wir unter ihrer Last nicht zusammenbrechen. Das letzte Gebet am Abend ist der richtige Augenblick, um dem Herrn die Last des Tages zu übereignen, ob wir nun dafür verantwortlich sind oder nicht: *«Laßt uns die Fesseln der Sünde abwerfen. Laßt uns mit Ausdauer in dem Wettkampf laufen, der uns aufgetragen ist. (...) Denkt an den, der von den Sündern solchen Widerstand gegen sich erduldet hat; dann werdet ihr nicht ermatten und den Mut nicht verlieren»* (Hebr 12; 1,3). Um wirklich sicher zu sein, jede Sünde von uns abzuweisen, müssen wir zuerst die

Sorgen von uns werfen, die uns schwächen und unsere Kräfte verringern, die wir doch brauchen, um gegen die Versuchung zu kämpfen.

Klugheit, Wachsamkeit und Nüchternheit

Um die Sünde zu vermeiden, ist auch Nüchternheit nötig. «*Seid nüchtern und wachsam*», sagt uns der heilige Petrus. Wir müssen die Überheblichkeit vermeiden und uns demütig all jene Dinge versagen, die zur Sünde führen können, wie zum Beispiel gewisse Filme im Fernsehen, ungeziemendes Strandleben, zweifelhaften Umgang, eine Umgebung, in der man nicht die Kirche liebt... Damit macht man einen Anfang, um die Gelegenheiten zur Versuchung und zum Fall zu vermeiden: Einerseits den Hochmut der Pharisäer, «die alles wissen», und andererseits den Hochmut des heiligen Petrus, der sich einbildet: «Mir kann nichts passieren.» Diese Gelegenheiten zum Fall sind um so gefährlicher, je höher wir gestanden hatten. Diese absolute Notwendigkeit des geistlichen Kampfes, der für jeden besteht, führt uns zur Demut zurück, ohne die es keinen geistlichen Fortschritt geben kann. Der echte Christ anerkennt seine Verwundbarkeit und seine Schwächen. Er ist sich ihrer wirklich bewußt und geht deshalb häufig zur Beichte. Ohne sie würde man sich nur einer falschen Demut hingeben, und das wäre in Wirklichkeit ein versteckter Stolz. Der heilige Paulus gibt demütig seine Schwäche zu: «*Ich tue nicht das Gute, das ich will, sondern das Böse, das ich nicht will*» (Röm 7,19). Aber er läßt die Arme nicht sinken: «*Ich habe den guten Kampf gekämpft, den Lauf vollendet*» (2 Tim 7,19).

Wenn wir einmal von der Sünde befreit sind, dann dürfen wir uns nicht in ein neues Gefängnis einsperren lassen; ein solches wäre ein Übermaß an Aktivitäten. Damit würde der Friede aus unserer Seele genommen, da wir dann nicht unser Leben in die Hände des Herrn gelegt hätten. Und hier gibt es noch einen zusätzlichen Kampf, an den man oft nicht denkt, der noch zu jenem anderen Kampf hinzukommt, den wir jeden Tag gegen den «alten Menschen» und gegen den Widersacher zu führen haben. Viele vergessen es in diesem Bereich: Wir müssen auch wachsam sein in Bezug auf unsere Großmut, die Einsatzbereitschaft dessen, der «unersetzlich» geworden ist, während er doch, ebenso wie die anderen, ein «unnützer Knecht» war.

Letztenendes sind alle Getauften zum geistlichen Kampfe aufgerufen. Die häufige Beichte, die uns wieder in Ordnung kommen läßt, hält uns in diesem gnadenlosen Kampfe in Atem, mit all den in diesem Sakrament empfangenen Gnaden, die unsere Kraft sind für den Sieg. Anders ausgedrückt, die Beichte garantiert uns den Sieg im Kampf und infolgedessen das geistliche Wachstum.

Mit der Unterstützung der geschwisterlichen Gemeinschaft

In diesem Leben der Prüfungen sind wir aber nicht allein: In diesem persönlichen Kampf können wir auf das Gebet und das Mitleid unserer Brüder rechnen, denn sie stehen uns näher als wir es uns vorstellen oder fühlen können: *«Leistet ihm (dem Teufel) Widerstand im Glauben! Wißt, daß eure Brüder in der ganzen Welt die gleichen Leiden ertragen müssen!»* (1 Petr 5, 9). Das ist sehr wichtig, denn wir brauchen das Gebet der Gemeinschaft, um den Sieg erringen zu können. Wieviele Christen haben wohl schon von Gott die Kraft erhalten, von einer Abhängigkeit (Ehebruch, Drogen, Alkohol, Begierde) loszukommen, weil ein Kloster oder eine neue Gemeinschaft oder eine Mutter ihr Leben und ihr Gebet in dieser Meinung zum Opfer angeboten haben.

In diesem Sinne sind das Fasten und das Gebet in der Gemeinschaft, wobei man sich ablöst, sehr wichtige Glaubenszeugnisse, um vom Herrn den Sieg zu erbitten gegen eine geplante Abtreibung, die eine Frau vornehmen wollte, da sie ganz überrascht war, schwanger zu sein.

In diesem persönlichen Sieg, den es gegen die Sünde zu erringen gilt, hat die Gemeinschaft, die Gott uns gibt, ihren Teil der Verantwortung auf sich zu nehmen.

> So gibt zum Beispiel eine junge Frau von 35 Jahren das Zeugnis, daß sie im Glauben und in Beharrlichkeit die Rückkehr ihres Mannes erwartet, der sie vor mehreren Jahren verlassen hat, und sie fügt hinzu, daß ihr das nicht möglich wäre ohne den geschwisterlichen Halt der Gebetsgruppe, die sie regelmäßig besucht. Die Tatsache, daß ihr Mann im Ehebruch lebt, gibt ihr nicht die Rechtfertigung, die gleiche Sünde zu begehen, und sie muß auf das Gebet ihrer Brüder und Schwestern zählen können, um den Sieg über die Versuchungen der Welt erringen zu können, oder auch angesichts einer gewissen Lauheit, die in manchen Kreisen, die sich «christlich» nennen, verkündet wird, die aber in Wirklichkeit nicht mehr das Evangelium zu ihrer Richtschnur haben.

Das ist der «kollektive» Teil, den der Herr von uns erwartet, um seinen Sieg zu bekunden, und dieser Teil stellt hohe Anforderungen.

Der kollektive Teil des Sakramentes findet sich also nicht auf der Ebene eines wortlosen Geständnisses seiner Sünde im Verlauf eines Bußgottesdienstes, sondern in der gemeinsamen Aufgabe, zusammen gegen die Sünde zu kämpfen. Ist letzten Endes nicht die Art und Weise, wie wir gegen die Sünde kämpfen, für den Herrn das Zeichen, an dem er die Echtheit der Liebe einer christlichen Gemeinschaft zu ihm erkennen kann? Es ist schon so, wie das Zweite Vatikanische Konzil es uns ins Gedächtnis ruft, daß die Kirche wirklich das «Volk Gottes» ist, aber nicht irgendwie, sondern durch die Verzeihung Gottes: *«Einst wart ihr nicht sein Volk, jetzt aber seid ihr Gottes Volk, einst gab es für euch kein Erbarmen, jetzt aber habt ihr Erbarmen gefunden»* (1 Petr 2,10).

Gott stellt uns in seiner Liebe wieder her, aber er verlangt von uns auch, die positive Entscheidung zu treffen, alle Idole zu verlassen und uns ungeteilt an ihn zu binden, und unser Kampf wird dann darin bestehen, das gegebene Versprechen zu halten. Josua stellt dem in Sichem versammelten Volk diese Frage, ehe das verheißene Land betreten wird:

> *«Josua antwortete dem Volk: Ihr seid Zeugen gegen euch selbst, daß ihr euch für den Herrn und für seinen Dienst entschieden habt. (Sie antworteten: Das sind wir.) Schafft also jetzt die fremden Götter ab, die noch bei euch sind, und neigt eure Herzen dem Herrn zu, dem Gott Israels! Das Volk sagte zu Josua: Dem Herrn, unserem Gott, wollen wir dienen und auf seine Stimme hören»* (Jos 24,22-24).

Das Volk Gottes hatte versprochen, zu «dienen» und zu «gehorchen», indem es sein Herz dem Herrn zuneigte. Der geistliche Kampf geschieht immer aus Liebe. Er ist eine Entscheidung des Herzens. Gott hatte aus ganzem Herzen vergeben. Der Sünder, dem diese Vergebung geschenkt wurde, wird sich nun aus ganzem Herzen bemühen, nicht mehr in die Sünde zurückzufallen.

Es gibt letzten Endes keine gute Beichte ohne den festen Entschluß, die Sünde zu meiden.

Von einer Beichte zur anderen wirst du die Wachsamkeit erlernen. Wie weit warst du in der Liebe zum Herrn das letzte Mal? Und wo stehst du heute, jetzt, wo du deine nächste Beichte vorbereitest?

Von einer heiligen Kommunion zur anderen wirst du dich an die vorhergehende erinnern, an die empfangenen Wohltaten seit dem Vortage oder dem letzten Sonntag; ebenso muß es mit dem Sakrament der Versöhnung sein. Anderenfalls wird es deinem geistlichen Leben an Festigkeit fehlen, und es wird keine innere Einheit haben.

Es ist die Wachsamkeit, die es dir ermöglichen wird, dieses Sakrament wirklich ernst zu nehmen, wirklich durchzuhalten, und es ist ein Zeichen von Treue und Liebe, die Sünde zu meiden. Die für dich selbst zu stellende Frage wird immer die nach der Wachsamkeit sein:
— gegenüber dem «alten Menschen», oder dem «Fleische», was zur Sünde führt;
— gegenüber dem Teufel und seinen Versuchungen, was ebenfalls zur Sünde führt;
— gegenüber den zu tragenden Lasten, die die

Müdigkeit in der Seele erzeugen, was ein günstiger Nährboden für eine Niederlage ist;
— gegenüber der Überheblichkeit, durch die der «gute Christ» durch seinen Stolz zu Fall kommt.

Das Leben in der Gemeinschaft mit Gott, wozu du berufen bist, gibt dir zahlreiche Gelegenheiten, den Willen des Herrn zu tun: jede Eucharistiefeier, ein Besuch des Allerheiligsten Altarssakramentes, der Freitag jeder Woche, das Gedächtnis des Kreuzestodes Jesu und jeden Abend das, was man früher «Gewissenserforschung» genannt hat.

Es ist gut, den geistlichen Sinn dieses letztgenannten Punktes zu verstehen. Hast du ganz ehrlich jede Minute des Tages sagen können: «Jesus, ich liebe dich?» Das ist die wesentliche Frage. Dann ist es keine Erforschung des «Gewissens» mehr, sondern eine solche des «Herzens». Und außerdem ist es dann auch keine «Erforschung» mehr. Vorübergehend war es für dich zwar nötig, einige Sekunden lang dein Gedächtnis tätig werden zu lassen, aber die Feststellung deines Elends bringt dir nichts ein, und das um so weniger, weil du jedesmal bei diesem «Examen» eine schlechte Note erhältst. Darum mußt du dich ganz spontan und ohne zu zögern in das mitleidvolle Herz deines Gottes versenken und mit der Ostkirche sprechen: «Jesus, Sohn Davids, erbarme dich über mich Sünder.» Der Herr erwartet von dir die vertrauensvolle Hingabe eines Herzens, welches schon weiß, daß ihm vergeben worden ist. Und dann wirst du in Frieden wieder neu beginnen und den Tag erwarten, wo du aufs neue und in der Ausdauer dieses große Sakrament der Liebe empfangen wirst, welches das der Versöhnung ist.

Du wirst dir sicher die Frage stellen, wie oft du zur Beichte gehen sollst. Einmal im Monat ist es wünschenswert für die Getauften, die in der Welt leben, und zu gewissen Zeiten auch öfter. Es ist die Kirche, die die häufige Beichte lehrt. Die Jungfrau Maria spricht gerne darüber zu uns, um uns daran zu erinnern für den Fall, daß wir die Belehrung unserer Hirten, der Bischöfe und Priester, vergessen haben sollten.

Vom Tod zum Leben

«Wären eure Sünden auch rot wie Scharlach, sie sollen weiß werden wie Schnee» (Jes 1,19).

KAPITEL III

1. Ein in der Kraft des Heiligen Geistes gelebtes Sakrament.
2. Mich von Gott trösten lassen.
3. Jesus heilt.
4. Verzeihung, Trost und Heilung erzeugen den Frieden.
5. Zwei Herzen, die sich wiederfinden, das ist dann das Fest.

«*Mein Sohn war tot und lebt wieder*» (Lk 15,24). Eine gute Beichte abzulegen, das bedeutet auch, sich die Zeit zu nehmen, zum Leben zurückzukehren. Man muß es verstehen, mit der Gabe Gottes bis zum Ende zu gehen. Es ist möglich, die Verzeihung erlangt zu haben, ohne Trost gefunden oder eine Heilung erfahren zu haben. Es ist möglich, daß Gott verziehen hat, man sich aber nicht selbst verzeiht; in diesem Falle ist dann auch der Friede nicht wiedergekommen. Manchmal geschieht es auch, daß die Verzeihung zwar gegeben und empfangen worden ist, das Fest aber vergessen wurde. Was in diesem Falle fehlt, ist die Danksagung, die Freude des Dankens:

> «*Ich will dich rühmen mein Leben lang, in deinem Namen die Hände erheben... Ja, du wurdest meine Hilfe, jubeln kann ich im Schatten deiner Flügel*» (Ps 63; 5,8).

Dieses Sakrament zu empfangen, das bedeutet, dem Tod zu entfliehen, denn «*der Lohn der Sünde ist der Tod*» (Röm 6,23); ebenso bedeutet es aber auch, das Leben und den Frieden zu empfangen und alles, was aus dem Herzen Gottes überströmt: seine Zärtlichkeit und außerdem seine Heilung. Es bedeutet, jenen tiefen Frieden zu empfangen, den wir kaum zu erhoffen wagten, und das Fest mit um so größerer Dankbarkeit zu begehen, als wir vorher alles verdorben hatten. Aber es ist ein Meister am Werk, der alle Früchte bereitgestellt hat, die dieses Sakrament gewährt: das ist der Heilige Geist.

1. Ein in der Kraft des Heiligen Geistes gelebtes Sakrament

«Wir zählen allzusehr auf unsere eigenen Entschlüsse und Versprechungen, und nicht genug auf den lieben Gott»[35], sagt der heilige Pfarrer von Ars. Es ist wahr, wir zählen nicht genug auf die Gnade Gottes. Sie aber ist allmächtig in der Beichte. Sie ist eine Kraft; die Kraft des Heiligen Geistes, der machtvoll handelt in diesem Sakrament. Diese Tatsache nicht zu beachten oder zu vergessen, wäre ein großer Schaden für das christliche Leben. Ist es nicht gerade diese Aufnahme des Heiligen Geistes, an der es vielerorts dort fehlt, wo dieses Sakrament vernachlässigt wird, obwohl es nicht an Großmut fehlt, und auch der Wunsch, Gutes für Gott und das Heil der Welt zu tun, unbestreitbar vorhanden sind. Die hauptsächliche Ursache

35 B. Nodet, S.137.

ist nicht etwa böser Wille, sondern eine große Unkenntnis über das, was in diesem Austausch mit Gott Großes und Unersetzbares geschieht.

Der Heilige Geist ist Herr und Spender des Lebens

Das Sakrament der Buße zu empfangen, das bedeutet, zum Leben zurückzukehren, selbst wenn wir es noch nicht vollständig verloren hatten.

Die Gleichgültigkeit und die Lauheit der Christen haben ihre Ursache oft darin, daß sie dieses Sakrament nicht oft genug oder schlecht empfangen. Die Macht der Befreiung und die Kraft des Lebens, die in diesem Sakrament enthalten sind, können dann nicht mitgeteilt werden. Wir haben hier zu handeln: «*Werdet stark durch die Kraft und Macht des Herrn!*» (Eph 6,10). Im Sakrament der Versöhnung findet gleichsam eine Neu-Schöpfung statt: «*Erschaffe mir, Gott, ein reines Herz*» (Ps 51,12).

Unser Credo am Sonntag läßt uns ausrufen, daß der Heilige Geist Herr und Lebensspender ist. Ein christliches Leben ohne das Wirken des Heiligen Geistes würde bald an Blutleere leiden.

Die Vision des Ezechiel zeigt uns das in dem Bild von den «vertrockneten Gebeinen» Israels, die durch die Macht des Heiligen Geistes wieder lebendig werden: «*Da sprach ich als Prophet, wie er mir befohlen hatte, und es kam Geist in sie. Sie wurden lebendig und standen auf — ein großes, gewaltiges Heer*» (Ez 37,10).

Die Prophezeiung des Ezechiel ist in unserer Zeit höchst notwendig: wieviele Orte mitten in unserer Kirche haben neues Leben nötig! Und ist es nicht gerade da, wo dieses Sakrament der Versöhnung vernachlässigt wird? Dieses ist es, was mit einigen anderen Dingen zuerst wieder eingeführt werden muß. Daher ist in diesem Sinne Ermahnung und Ermutigung so nötig. Es werden zwar vielerlei Anstrengungen unternommen, aber «man hat keine Lust mehr, beichten zu gehen», sagt man. Es ist allerdings nicht zuerst die Bereitschaft dazu, an der es fehlt, sondern die Tatsache, daß das Wirken des Heiligen Geistes nicht beachtet wird: «*Rede als Prophet zum Geist, rede, Menschensohn…; hauch diese Erschlagenen an, damit sie lebendig werden*» (Ez 37,9), so befiehlt Gott dem Propheten Ezechiel. Wir müssen also dem Atem des Heiligen Geistes gehorchen.

Wie aber wird die Allmacht des Heiligen Geistes in diesem Sakrament gegeben und gelebt? Zunächst einmal werden alle Sünden, deren man sich angeklagt hatte, wirklich vergeben. Die durch den Priester gespendete Lossprechung ist die Antwort Gottes selbst, der dem reuigen Sünder seine Verzeihung gewährt. Hier ist der Ort, an welchem der Heilige Geist durch die Vermittlung des Priesters eingreift; die Lossprechung sagt es ganz klar:

> «Möge Gott, unser Vater, uns seine Barmherzigkeit erweisen:
> Durch den Tod und die Auferstehung seines Sohnes
> hat er die Welt mit sich versöhnt
> und den Heiligen Geist gesandt
> für die Vergebung der Sünden.»

Mehr noch, es ist die Allerheiligste Dreifaltigkeit, die sich in der Macht des Heiligen Geistes kundtut: die Liebe des Vaters, das zum Opfer dargebrachte Leben seines Sohnes und die Kraft des Heiligen Geistes sind am Werk.

Der Heilige Geist wirkt mit Kraft

Das, was in diesem Sakrament geschieht, übersteigt unsere Fassungskraft, sowohl die des Priesters wie auch die des Büßenden. Wir haben das gleiche Gefühl wie die Menschen bei Jesus, als dieser dem Gelähmten die Absolution spendete: «*Als die Leute das sahen, erschraken sie und priesen Gott*» (Mt 9,8). Wir dürfen uns niemals an den Empfang dieses Sakramentes gewöhnen: Gott erweckt all das zu neuem Leben, was in uns tot war, oder was infolge unserer Sünden, unserer Schwächen oder unserer Bosheit dem Tode entgegenging. Das ist wirklich ein Wunder! Wenn wir es doch wirklich begreifen und uns vor Augen führen könnten, was in einer guten Beichte zwischen dem Priester und uns geschieht! Gott selbst ist es ja, der in der Mitte zwischen dem Sünder und dem Priester zugegen und am Werke ist. Es sei uns hier eine Interpretation eines Gleichnisses erlaubt: Jesus ist der gute Samariter, der sich über den Reisenden beugt, den die Räuber halbtot liegengelassen hatten; er hebt uns auf, lädt uns auf sein Lasttier und vertraut uns dem Wirt der Herberge an; dieser aber ist der Priester, der für uns Sorge trägt. Und das kostet ihn nichts, denn der gute Samariter wird ihn bei seiner Rückkehr bezahlen. Und die Herberge, das ist die Kirche, welche alle Sünder aufnimmt und sie zur Buße ermahnt.

Alle Sünder sind nämlich zur **Reue** aufgerufen, und hier muß jede Unklarheit zwischen Sünder und Sünde vermieden werden: wie Jesus, so schließt auch die Kirche niemanden aus. Der heilige Petrus sagt es uns: «*Wahrhaftig, jetzt begreife ich, daß Gott nicht auf die Person sieht, sondern daß ihm in jedem Volk willkommen ist, wer ihn fürchtet und tut, was recht ist*» (Apg 10,34-35). Die rechte Haltung, wie sie das Evangelium vor Augen führt, wird immer die sein, den Sünder aufzunehmen und die Sünde zu verurteilen. Der Heilige Geist schenkt hier die richtige Unterscheidungsgabe.

Er ist es auch, der dem Priester die Gnade gibt, den Sünder zu empfangen und ihm die Verzeihung zu spenden. Im Augenblick der Priesterweihe hatte der zukünftige Priester den Heiligen Geist empfangen, zusammen mit der Vollmacht, die Sünden zu vergeben.

Dieser gleiche Heilige Geist war auch bereits gegenwärtig, als er dem Sünder eingegeben hatte, zur Beichte zu gehen. Er war da, um das Gewissen des Büßenden zu erleuchten. Er, der Geist der Wahrheit, war auch zugegen, um dem Sünder einzugeben, richtig seine Sünden zu bekennen. Er war da, um den Priester in seinem priesterlichen Dienst mit Eifer zu erfüllen und ihm gute geistliche Ratschläge einzugeben, die der Büßende nötig hatte, um die Sünde zu vermeiden.

Er befreit uns von der Sklaverei

In ganz besonderer Weise ist er gegenwärtig, wenn der Priester im Namen Jesu die Absolution erteilt und dazu das Wort der Heilung, der Befreiung und der Erlösung spricht, um eine negative Bindung zu lösen, die den Sünder in der Gewalt der Sünde gefangenhielt. (Es handelt sich hier natürlich nicht um einen Exorzismus, der dem Bischof vorbehalten ist oder dem Priester, den dieser dazu bestimmt hat.)

Können wohl die durch die Taufgnade frei gewordenen Christen sich wieder nach rückwärts wenden und sich aufs neue der Sklaverei hingeben, während doch der Heilige

Geist, den sie empfangen haben, ihnen nicht *«einen Geist gegeben hat, der sie zu Sklaven macht, sondern zu Söhnen»* (vgl. Röm 8,15)? Sicherlich nicht. Aber sie müssen wachsam bleiben. *«Bleibt daher fest und laßt euch nicht von neuem das Joch der Knechtschaft auflegen!»* (Gal 5,1), sagt uns der heilige Paulus.

Okkultismus, das Pendel, magische Heilungen, Geistersehen, Kartenlegen, Wahrsagerei, Horoskope, Sterndeuterei, Spiritismus, Hypnotismus, gewisse Praktiken des Hinduismus, weiße Magie..., das alles ist abzulehnen und muß in der Beichte gesagt werden, falls man es praktiziert hat. Oft ist ein Gebet um Befreiung oder um Loslösung erforderlich, besonders in den schwerwiegendsten Fällen, wo ganz offensichtlich der Teufel beim «Erfolg» der vorgenommenen zweifelhaften Handlung seine Hände mit im Spiel gehabt hatte. Manche Leute denken gelegentlich: «Wenn Gott mich in der Kirche nicht erhören will, dann kann ich ja anderswohin gehen!» Wer aber ist der Herr von diesem «anderswo»? Ganz gewiß nicht Jesus, unser Erlöser. Auch der Katechismus der katholischen Kirche warnt vor allen Formen der Wahrsagerei, da sie verwerflich sind:

> «Sämtliche Formen der Wahrsagerei sind zu verwerfen: Indienstnahme von Satan und Dämonen, Totenbeschwörung oder andere Handlungen, von denen man zu Unrecht annimmt, sie könnten die Zukunft «entschleiern». Hinter Horoskopen, Astrologie, Handlesen, Deuten von Vorzeichen und Orakeln, Hellseherei und dem Befragen eines Mediums verbirgt sich der Wille zur Macht über die Zeit, die Geschichte und letztlich über die Menschen, sowie der Wunsch, sich die geheimen Mächte geneigt zu machen. Dies widerspricht der

mit liebender Ehrfurcht erfüllten Hochachtung, die wir allein Gott schulden.»[36]

Jesus vergibt dann durch seinen Priester, und gleichzeitig befreit er sein armes Schäflein, damit es zu seinem Herrn zurückkehren kann.

Durch dieses vom Priester verrichtete Gebet um Befreiung wird eine Schranke niedergerissen, und die Freiheit zu leben ist wiedergefunden: sehen, riechen, hören, fühlen...; alles, was als Ausdruck unseres Herzens dient und sich nicht mehr hingeben konnte, weder an Gott noch an den Nächsten, das gewinnt neues Leben. In gewissen Fällen findet sich sogar das Gemüt befreit.

Als Folge dieses Gebetes um **Befreiung** kann man oft feststellen, daß der Christ geistlicherweise im Gebetsleben wächst, das heißt, daß er Gott begegnen kann ohne Angst und ohne Distanz. Von allen negativen Praktiken gereinigt, wird ihm dann endlich die Fähigkeit geschenkt, seinen Nächsten zu lieben und keine Angst mehr zu haben, von ihm geliebt zu werden.

... und heilt uns im Gebet

In diesem Sakrament gibt es oft die Heilungen der Erinnerungen.

> Da wurde zum Beispiel ein junges Mädchen im Alter von fünfzehn Jahren vergewaltigt; später heiratete sie und erhielt in diesem Gebet eine Heilung ihres Gedächtnisses, ihres Herzens und ihres Körpers, und sie erfuhr dadurch auch die Gnade, sich frei und gelöst von ihrem Mann lieben zu lassen.

36 *Katechismus der katholischen Kirche,* 1992, Nr. 2116.

Diese im Sakrament der Versöhnung allgegenwärtige Gnade muß wieder und wieder erbetet und im Gebet entgegengenommen werden. Sie ist nicht das Objekt eines Automatismus:

> «Einige Wochen nach dem Empfang der Ausgießung des Heiligen Geistes vor zwanzig Jahren empfingen wir in der am Mittwochabend stattfindenden Gebetsgruppe eine bemerkenswerte Gnade. Um 22 Uhr, gerade als wir uns trennen wollten, empfanden einige den Wunsch zu beichten. Zwei Priester waren anwesend (beide Arbeiterpriester), und wir waren von einer Verfügbarkeit, die wir vorher nicht gekannt hatten. Wir Priester waren immer die letzten, die den Raum verließen, obwohl wir vierzig Kilometer bis zu unserer Wohnung zurückzulegen hatten und am nächsten Morgen früh zur Arbeit erscheinen mußten. Was war geschehen? Unser Priesterherz war in der am Tag der Priesterweihe empfangenen Gnade erneuert worden, um dieses Sakrament mit Glauben und innerer Glut spenden zu können. So war der Heilige Geist, der zuvor im Gebet der Versammlung anwesend war, gleicherweise in der geschwisterlichen Hilfe zugegen.»

Der Heilige Geist ist es, der dir eingibt, zur Beichte zu gehen;
der dich deine Sünden erkennen läßt;
der dir zeigt, zu welchem Priester du gehen sollst;
der dir Glut und Eifer gibt, um das Sakrament zu empfangen;
der dich während des Sündenbekenntnisses an eine

schon längst vergessene Sünde erinnert, der dir die Reue eingibt, das alles ist der Heilige Geist.
Der den Priester am Tag der Priesterweihe aufgenommen hat, damit du bei ihm beichten kannst; der bei der Lossprechung mit Vollmacht handelt; der nach dem Empfang des Sakramentes dein Herz mit Freude erfüllt, das alles ist der Heilige Geist.

Darum sollst du zu ihm beten für den Priester, der deine Beichte hört. Oft danken wir dem Vater für seine Liebe, und Jesus, seinem Sohn, «der uns so sehr geliebt hat». Aber auch dem Heiligen Geist? Wir rufen ihn ziemlich häufig an, aber man muß ihm auch danken.

Er ist in diesem Sakrament in solcher Fülle anwesend und tätig, daß wir hier eine einzigartige Gelegenheit haben, ihm aus ganzem Herzen zu danken. Er ist der Geist der Wahrheit, der bei diesem Sakrament den Vorsitz führt. Er ist auch der Geist der Liebe, der das, was gekrümmt ist, wieder aufrichtet, der das erwärmt, was erkaltet ist, und der uns seine sieben Gaben schenkt, wie die Kirche es uns zu singen lehrt.

Dort, wo der Heilige Geist oft und mit glühender Liebe angerufen wird, da geht man auch häufig zur Beichte. Dort werden auch die Priester davon berührt und stellen sich dafür gern zur Verfügung. Wenn du in diesem Sakrament der Versöhnung Fortschritte machen willst, dann rufe unermüdlich den Heiligen Geist an.

2. Mich von Gott trösten lassen

Der Heilige Geist ist die Kraft unseres Gott hingegebenen Lebens, aber er ist auch der «Tröster».

> *«Tröste mich mit deiner Huld, wie du es deinem Knecht verheißen hast. Dein Erbarmen komme über mich, damit ich lebe»* (Ps 119, 76-77).

Getröstet von der Traurigkeit, die von der Sünde verursacht wurde

Allzu oft kommt es vor, daß derjenige, der seine Last zu Füßen Jesu niederlegen konnte, sich so glücklich fühlt, Verzeihung gefunden zu haben und erlöst zu sein, daß er die darauf folgende Gnade ganz vergißt: nämlich die der Tröstung. Die Erkenntnis, gesündigt zu haben, führt zur Reue und zum Bekenntnis, aber auf dem Grunde des Herzens und im Gedächtnis bleibt oft ein Gefühl der Traurigkeit zurück: nämlich die Traurigkeit darüber, nicht auf die Liebe Gottes geantwortet zu haben und persönlich dafür verantwortlich zu sein. Der Herr will in seiner unendlichen Güte auch diese Traurigkeit hinwegnehmen, dieser Folge einer Rückkehr zu sich selbst. Am Kreuz hat Jesus unsere Sünden auf sich genommen und gleichzeitig auch all ihre Folgen. Die Traurigkeit ist eine davon. Während seines Todesleidens hat Jesus alle Traurigkeit der Welt und aller Zeiten auf sich genommen: *«Meine Seele ist zu Tode betrübt. Bleibt hier und wacht mit mir»* (Mt 26,38). Die drei Apostel begleiteten Jesus nicht in seinem Opfer, sie ließen sich von der Hoffnungslosigkeit besiegen, da sie es an Wachsamkeit hatten fehlen lassen. *«Nach dem Gebet stand er auf, ging zu den Jüngern zurück und fand sie schlafend; denn sie waren vor Kummer erschöpft. Da sagte er zu ihnen: Wie könnt ihr schlafen? Steht auf und betet, damit ihr nicht in Versuchung geratet»* (Lk 22,45-46).

Die Sünde erzeugt die Traurigkeit auf allen Ebenen: zunächst in Gott, wegen der Undankbarkeit und der Auflehnung seines Geschöpfes; aber auch im Nächsten, der statt brüderlicher Liebe in uns Eifersucht, Beschimpfung, Haß oder Rachsucht gefunden hat; schließlich in uns selbst, die wir uns durch Schuldgefühle, Gewissensbisse und Lebensüberdruß besiegen ließen.

In seiner unendlichen Güte will Gott uns von aller Traurigkeit heilen. Seine väterliche Liebe kann nicht mitansehen, daß eines seiner Kinder Gefahr läuft, der Verzweiflung anheimzufallen. In seinem Sohn Jesus, der durch unsere Sünden verwundet worden ist, beugt er sich über jeden von uns, voll Mitleid und Zärtlichkeit, um die Traurigkeit aus unseren Herzen zu reißen.

Der Prophet Isaias hatte bereits einen Messias angekündigt, der von Mitleid erfüllt ist, der unsere Sünden, Leiden und Mühen auf sich nehmen würde. *«Er hatte keine schöne und edle Gestalt..., er wurde verachtet und von den Menschen gemieden..., aber er hat unsere Krankheit getragen und unsere Schmerzen auf sich genommen»* (Jes 53, 2-4). In seinem Mitleid hat Gott selbst unsere Leiden getragen, und in dieser Teilnahme an unserem Elend kommt er jetzt, um uns zu trösten. In der Tat, er, der uns in der Versöhnung aufnimmt, ist gleichzeitig der *«Vater des Erbarmens und der Gott allen Trostes»* (2 Kor 1,4). Auf die Gnade, unsere Sünden beweinen zu können, folgt jene andere Gnade, von Gott selbst getröstet zu werden, von ihm, *«der uns tröstet in all unserer Not»* (2 Kor 1,4).

Die Zärtlichkeit Gottes ist stärker als die Sünde

Diese geistliche Erfahrung ist ein Geschenk Gottes, durch das wir ihm näher kommen, indem wir die Tiefen unseres Seins erforschen, um uns so zu sehen, wie wir heute wirklich sind, und nicht so, wie wir morgen sein werden. Gott steigt selbst hinab in die Tiefen unseres Elends und liebt uns so, wie wir sind. Dafür aber ist ein persönliches Vorgehen nötig: Ich muß mein Elend erkennen und mich von meinem Gott trösten lassen.

> *«Hab Vertrauen, Jerusalem! Der dir den Namen gab, er wird dich trösten. Unglück über jene, die dir Böses taten und über deinen Sturz sich freuten!»* (Bar 4,30-31).

Hierin liegt das Heilmittel für den Perfektionist, der ich bin, der immer bestrebt ist, das Kommen des Herrn auf den nächsten Tag zu verschieben, in der Erwartung, dann besser in der Lage zu sein, ihm zu gefallen. In solcher Lage entsteht in uns der Wunsch, ein anderes Leben zu führen, um ihn besser aufnehmen zu können, damit er in Zukunft ein Herz vorfinde, das besser zu seinem Empfang vorbereitet ist.

Der heilige Pfarrer von Ars kannte gut diese Trostbedürftigkeit des reuigen Sünders. So hat man ihn dabei überraschen können, wie er einem (vielleicht schwierigen) Büßenden sagte: «Ich verstehe nicht, scharf zu denken…, aber wenn Sie irgendeinen Trost brauchen, dann kommen Sie hierher (in den Beichtstuhl).» Der heilige Pfarrer war sich nämlich bewußt, daß nur Gott allein den Sünder trösten konnte, und dessen war er absolut sicher.

Wir haben es nötig zu lernen, mit dem Herzen die Verzeihung Gottes entgegenzunehmen. Wenn unsere Sünde so groß ist, daß sie sogar das überschreitet, was wir uns vorstellen können, weil wir nämlich gegen die unendliche Liebe Gottes gesündigt haben, so ist die unendliche Verzeihung Gottes immer noch größer als die Sünde. Seien wir in keiner Weise beunruhigt, bewahren wir in uns keinerlei Schuldgefühle, es ist in Gott die Fähigkeit, alles zu vergeben. Zwischen der Sünde und der Gnade liegt ein Abgrund, und meine Sünde, mag sie auch noch so groß sein, kann der Unendlichkeit der Liebe keinen Abbruch tun. *«Wo die Sünde mächtig wurde, da ist die Gnade übergroß geworden»* (Röm 5,20). Die Sünde erzeugt zwar andere Sünden, aber sie wird nicht «übermächtig». Die Gnade jedoch wird von oben her gegeben, und zwar im Überfluß: *«Du salbst mein Haupt mit Öl, du füllst mir reichlich den Becher»* (Ps 23,5).

Papst Johannes Paul II. lädt uns ein, uns der Barmherzigkeit Gottes zu überlassen. In seinem Apostolischen Rundschreiben über die Versöhnung und die Buße beendet er den zweiten Teil mit der Überschrift «Die Liebe ist größer als die Sünde» mit den Worten: «Ja, der Herr ist reich an Barmherzigkeit», und wir gehen sogar so weit zu sagen: «Der Herr **ist** Barmherzigkeit.»[37]

Um damit einverstanden zu sein, sich von Gott trösten zu lassen, müssen wir das leben, wie es dem Evangelium entspricht. Glücklich sind jene, die in einer guten Beichte Gott, den Vater, sehen, der zu ihnen kommt, um die Wunden ihres Herzens zu verbinden. *«Dein Stock und dein Stab geben mir Zuversicht»* (Ps 23,4).

37 Apostolisches Rundschreiben: *Versöhnung und Buße,* Nr. 22.

Du beweintest deine Sünden, du hattest keine Worte mehr, um dein Bedauern zum Ausdruck zu bringen. Der Vater hingegen hatte keinen anderen Ausdruck der Liebe mehr, als dich zu trösten. Und als er das tat, sahst du da nicht, wie dir dabei noch mehr verziehen wurde? Ganz sicher war es so. Jetzt scheint es, daß alles vorüber ist.., daß die Sache wirklich erledigt ist, aber dennoch weinst du noch immer, ja, aber diesmal ist es vor Glück.

«Wie eine Mutter ihren Sohn tröstet, so tröste ich euch. In Jerusalem findet ihr Trost» (Jes 66,13).

«Selig die Trauernden, denn sie werden getröstet werden» (Mt 5,4). Bei einer guten Beichte ist es diese Seligpreisung, die zu erleben der Herr dir die Freude gibt. Dem Evangelium entsprechend zu leben, das heißt, zu allen Seligpreisungen Ja zu sagen. Unsere Sünden betrüben uns ganz besonders, und daher ist ein noch größerer Trost erforderlich als bei allen anderen Prüfungen infolge von Verwundungen des Gemütes, von Krankheit oder auch von materiellen Schwierigkeiten.

Nimm dir also die Zeit, dich trösten zu lassen und überlaß es dem Herrn, es in dem Augenblick zu tun, wann es ihm gefällt. Manchmal wird es geschehen, wenn du das ganze Ausmaß deiner Sünden erkennst. Es ist dann wie ein Blitz (während du doch gar nichts untersuchtest). Ein andermal geschieht es in Verbindung mit dem Sakrament:

während du dich darauf vorbereitest, während du es empfängst oder auch danach.

Verweigere niemals die Tröstung des Herrn, erwirb aber ein einfaches Herz und zögere nicht, ihm deinen Kummer anzuvertrauen, den Kummer eines Kindes. Was würde wohl sonst diese Bitte bedeuten, die du an ihn gerichtet hast, «wie ein Kind zu sein, damit das Reich Gottes dir gehöre» (vgl. Lk 18,17).

Der Herr erwartet, daß du um seiner Vaterliebe willen ganz und gar ein kleines Kind werdest, daß du die schöne Seele eines kleinen Kindes habest, daß du zu einem solchen Kind aber auch werdest mit deinem ganzen Sein und nicht bloß in deiner Vorstellungskraft.

Daher mußt du deine Reputation einer respektablen erwachsenen Person beiseite lassen, einer Person, die sich noch weigert, dieses verwundbare Herz zu haben, ohne das du dich nicht lieben lassen kannst, was man etwa folgendermaßen ausdrücken kann: «Das geht nicht, ich bin zwanzig Jahre alt, ich kann nicht mehr zur Verhaltensweise der Kinder zurückkehren.» Und die Älteren sagen: «O nein, ich fürchte mich zu sehr davor, am Ende noch kindisch zu werden!» Und zu Hause, als ich ein Kind war, hat man mir gesagt: «Wenn du erst einmal groß bist, dann wirst du große Dinge tun!»

Die traditionelle, auf das Evangelium begründete Lehre der Kirche ist allerdings ganz verschieden davon. Alle Heiligen haben ihr Glück zum Ausdruck gebracht, sich in der Hand Gottes geborgen zu wissen. «*Du umschließt mich von allen Seiten, du legst deine Hand auf mich. Zu wunderbar ist für mich dieses Wissen...*» (Ps 139,5-6).

3. Jesus heilt

Jesus ist für die Kranken und die Sünder gekommen. Im Evangelium sehen wir, wie Jesus die Seelen und die Körper heilt.

Die Güte des Herrn an sich wirken lassen

Im Sakrament der Versöhnung ist es der gleiche Jesus wie in Palästina, und wir sind die gleichen Menschen und haben die gleichen Bitten. Der heilige Pfarrer von Ars hat gesagt:

> «Man kann die unermeßliche Güte Gottes nicht begreifen, die er uns erwies, als er dieses große Sakrament der Buße einsetzte. Es ist so gut, zu denken, daß wir ein Sakrament haben, das die Wunden unserer Seelen heilt. Man muß es aber in der richtigen Verfassung empfangen. Anderenfalls gibt es nur neue Wunden zu den alten hinzu.»

Wir müssen im Sakrament der Versöhnung die Heilung erbitten und auch erwarten. Der Priester kann ein besonderes Gebet verrichten, um die Heilung der Wunden aus der Vergangenheit zu erbitten, welche die Sünde begünstigt haben, oder auch die Heilung der inneren und äußeren Wunden, die durch die begangenen Sünden verursacht worden sind. Dieses auf jeden einzelnen Büßenden zugeschnittete Gebet ist ein bedeutender Baustein für den Frieden, den dieses Sakrament gewährt.

Aber auch die Laien können dieses Gebet um Heilung verrichten, und zwar außerhalb des Sakramentes. Wenn es dabei keine Verwechslung gibt zwischen der geistlichen Begleitung durch einen Laien und dem durch einen Priester gespendeten Sakrament, dann ist diese gegenseitige Ergänzung gut möglich. Ob es sich um Laien handelt, um Diakone (Diener) oder um Priester, die vom Heiligen Geist zu erbittende Gnade ist das Charisma des Glaubens, *«der Berge versetzen kann»* (1 Kor 12,9 und Mk 11,23). Dann findet die Heilung statt. Beim Empfang des Sakramentes aber ist es zuerst das Sakrament, welches heilt.

Andererseits geschieht es auch ziemlich oft, daß die psychosomatischen Heilungen die Heilung der Seele begleiten, und zwar anschließend an eine Beichte, zu welcher der Büßende ursprünglich nur gekommen war, um dieses Sakrament zu empfangen mit dem Wunsch nach vollständiger Bekehrung. Dann geschieht es, daß der Herr noch weiter geht als das, was der Büßende zu erhoffen gewagt hatte.

Das Sakrament der Versöhnung ist ein Sakrament der inneren Heilung, das steht außer Zweifel. Aber es bewirkt auch die körperliche Heilung. Oft geschieht das ganz unvorhergesehen. Der Herr hat viel Humor.

> So war es bei jener Dame, die sich mit ihren Krücken zu ihrem kleinen Auto geschleppet hatte; sie stellte fest, daß sie geheilt war, als sie aus dem Beichtstuhl kam. Sie bemerkte, daß sie ganz leicht und ohne ihre Krücken gehen konnte und lobte Gott. Dann aber hielt sie inne

und sagte zu mir: «Das ist es nicht, worum ich gebeten hatte, ich hatte meine Beine Jesus aufgeopfert; ich bat ihn um nichts anderes als darum, ihn aus ganzem Herzen zu lieben; meine Beine, das war zweitrangig.» «Ja», antwortete ich ihr, «das stimmt, aber wenn Jesus, der dich so sehr liebt, dir diese schöne Überraschung bereiten wollte, dann wirst du sie ihm doch wohl nicht ausschlagen?» «O nein», sagte sie und ging noch leichtfüßiger hinweg.

Es ist ganz normal, daß dieses Wunder jener Person in einer Beichte geschenkt worden war, weil die Beichte eine Sache der Liebe ist zwischen Jesus und uns.

Hier noch eine Beobachtung, welche nicht täuscht: Der gegenwärtige Mangel an Priestern zeigt sich auch in einem Mangel an Krankenhausseelsorgern. Die Ärzte haben diese Situation mit jener in den vorhergehenden Jahrzehnten vergleichen können. Einer von ihnen teilte mir folgende Feststellung mit: «Seit es keinen Seelsorger mehr in unserer Klinik gibt, will es mit gewissen Krankheiten überhaupt nicht besser werden.» Dieses Zeugnis schmälert in nichts den hingebungsvollen Eifer oder die Wirksamkeit jener Gruppen von Laien, die von den Diözesen ernannt worden sind, um den Kranken beizustehen. — Ich persönlich bin sehr oft Kranken begegnet, die bemerkten, wie ihre Heilung Fortschritte machte, als ihr Seelenzustand sich wieder aufgerichtet hatte. Um eine solche positive Einstellung wieder zu gewinnen, ist Hoffnung nötig, und um seine Zukunft anders planen zu können, ist es von großer Wichtigkeit, sich dazu zu entschließen, sein vergangenes Leben in die Hände Gottes zu legen. Hierbei spielt die Beichte eine unersetzliche Rolle.

Zeuge dafür ist dieser ruinierte Unternehmer, der zu einem Exerzitienkurs kam und mit Medikamenten vollgestopft war, um damit von seinen Depressionen und dem Wunsch zu sterben, geheilt zu werden. Er nahm sich die Zeit, eine gute Beichte abzulegen, und bat um Verzeihung für seine Verzweiflung. Zwei Jahre später kam er wieder in das gleiche Exerzitienhaus und war von seiner Gattin begleitet. Diesmal aber war er gekommen, um dem Herrn für seine vollständige Heilung zu danken. Die absolut notwendigen Medikamente hatten ihn zwar behandelt, Jesus aber hatte ihn im Sakrament der Versöhnung geheilt.

Jesus heilt die Seele, den Geist und den Leib

Schuldgefühle sind eine Quelle der Angst, und jede Unruhe nimmt einen Teil der Gesundheit hinweg oder hindert uns daran, sie wiederzufinden. Trägt also die Beichte dazu bei, uns in guter Gesundheit zu erhalten? Ganz bestimmt, weil wir dadurch die Fähigkeit erhalten, uns selbst zu vergeben. Ja, man kann sagen, daß die Verzeihung, die man für die Sünden erhält, wesentlich dazu beiträgt, gesund zu sein. An Zeugnissen dafür fehlt es nicht; es gibt Menschen, denen gesagt wird, daß sie nach einer guten Generalbeichte, bei der sie dem Herrn die Last ihres vergangenen Lebens zu Füßen legen konnten, richtig verjüngt worden seien! Das ist ganz richtig, und der Psalmist bestätigt es:

«Lobe den Herrn, meine Seele, und vergiß nicht, was er dir Gutes getan hat, der dir all deine Schuld vergibt und all deine Gebrechen heilt, der dich mit Huld und Erbar-

men krönt ..., wie dem Adler wird dir die Jugend erneuert» (Ps 103,2-5).

Daher werden der Büßende und der Priester manchmal gemeinsam während des Sakramentes oder danach die körperliche Heilung erbitten. Es fehlt nicht an Zeugnissen über so erhaltene Heilungen: wie zum Beispiel bei jener Person, die, nachdem sie das Sakrament der Buße empfamgen hatte, in den darauf folgenden Nächten bemerkte, daß sie den Schlaf wiedergefunden hatte, und in den Monaten danach, daß auch ihre Gallenbeschwerden verschwunden waren. — Das folgende Zeugnis wurde von einem Priester gegeben:

> Ich war bereits mehrere Jahre Priester, als ich vor zwanzig Jahren die Ausgießung des Heiligen Geistes empfing. Da wurde ich von meiner Verblendung befreit und legte eine gute Beichte meines vergangenen Lebens ab. Mit der Lossprechung empfing ich die Heilung von meinen Ängsten. Jetzt kann ich bezeugen, daß ich seit diesem Tage keine Gallenbeschwerden mehr hatte (ich mußte Galle erbrechen). Ich habe nämlich eine Gnade der Hingabe an Gott erhalten, die sich als das Heilmittel gegen mein unruhiges und leicht aufgebrachtes Temperament erwiesen hat.

Die durch Jesus geschenkte Heilung in diesem Sakrament ist ganz und gar normal; im Gegenteil, es würde ein Problem aufwerfen, wenn ein solches Wunder niemals geschähe: Jesus wäre ja dann seit der Zeit in Palästina ein anderer geworden, denn damals liebte er es, beides zugleich zu tun: zu bekehren und zu heilen.

Selbstverständlich beten wir aber auch für jene Kranken, bei denen man keine sichtbare Änderung bemerkt. Sie haben weiterhin das Leiden zu tragen. Wo ist denn da Jesus? — Inmitten des Leidens, wie er es auch am Kreuze war. Hier sind wir, die Gesunden, ergriffen und überrascht über das Zeugnis tiefen Friedens, welchen jene Kranken ausstrahlen, die nach einem langen Leidensweg die Erde verlassen, um zum Herrn zu gehen. Und sehr oft kommt es vor, daß solch ein Schwerkranker im Sakrament der Versöhnung jenen Frieden erhalten hat, wie nur Jesus ihn in der Prüfung und im Leiden zu geben vermag. Wie immer es auch sei, wir täuschen uns nicht, wenn wir das tun, was Jesus uns zu tun geboten hat: *«Die Kranken, denen sie die Hände auflegen, werden gesund werden»* (Mk 16,18).

Du mußt ebensosehr an die Heilung glauben, die Jesus dir in diesem Sakrament geben will, wie an sein Mitleid, das dich wiederum dazu führen wird, ihn noch mehr zu lieben. Wirklich daran glauben, das bedeutet, es zu erwarten. Um es aber zu erwarten, muß man ein großes Vertrauen haben, das Vertrauen eines Kinderherzens, welches es nicht verstehen könnte, wenn sein geliebter Papa ihm nicht das geben würde, was es nötig hat.

Warum soll man die Heilung erwarten, oder mehr noch, sie erbitten? Weil unsere Verwundungen oft die Sünde in uns erzeugen oder begünstigen.

Zögere deshalb nicht, zu einem Priester zu gehen, der für dich dieses Gebet um Heilung verrichten wird, deren du bedarfst. Denk aber daran, daß das alles nichts mit Magie zu tun hat. Die Heilung ist jenseits des Gefühls (zumindest für den Augenblick). Vergiß nicht, daß der geistliche Kampf für dich ständig weitergeht.

Manchmal wirst du — wie es beim Gelähmten gewesen war — ganz schnell erkennen, daß Jesus nicht nur deine Sünden, sondern auch die eine oder andere körperliche Krankheit hinweggenommen hat oder auch dieses oder jenes Gemütsleiden, wie zum Beispiel die nervöse Depression.

Warum das alles? Ganz einfach, weil Jesus dich liebt und weil er diesen Tag gewählt hat, um dich zu lieben und für deine Gesundheit zu sorgen. Eine von Jesus geschenkte körperliche Heilung ist immer überraschend. Persönlich bin ich fest davon überzeugt, und ich habe es gesehen. Wir haben es gesehen, und wir haben Dank gesagt, so wie die Volksmenge auf das Wunder Jesu geantwortet hat, als er den Gelähmten heilte: *«Da gerieten alle außer sich; sie priesen Gott und sagten: So etwas haben wir noch nie gesehen»* (Mk 2,12).

4. Verzeihung, Trost und Heilung erzeugen den Frieden

> *«So spricht der Herr: Seht her: wie einen Strom leite ich den Frieden zu ihr und den Reichtum der Völker wie einen rauschenden Bach»* (Jes 66,12).

Es ist der Wille des Herrn, daß der Friede in seinem Volk und in allen Herzen herrsche. Der dem Aaron und seinen

Söhnen erteilte Segen erbittet diesen Frieden für alle Israeliten:

> *«Der Herr wende sein Angesicht dir zu und schenke dir Heil. So sollen sie meinen Namen auf die Israeliten legen, und ich werde sie segnen»* (Num 6,26-27).

Die Priester des Alten Bundes haben diese Sendung empfangen, den Frieden Gottes über das ganze Volk auszubreiten. Im Neuen Bund haben die Priester ebenfalls diese Vollmacht, den Segen, welcher den Frieden bringt, zu erteilen, ganz besonders bei der Spendung der Sakramente:

Bei der Eucharistie:
— «Der Friede des Herrn sei allezeit mit euch!»
Beim Sakrament der Versöhnung:
— «Durch das Priesteramt der Kirche gebe er euch die Verzeihung und den Frieden.»

Seit dem Zweiten Vatikanischen Konzil hat die Kirche angeordnet, daß der Priester im Wortlaut der Lossprechung nicht nur die Verzeihung schenkt, sondern auch den Frieden. Dieses Geschenk des Friedens bekundet sich gleicherweise für den Priester, wenn er den Beichtenden empfängt, in seinem Seeleneifer, während der Büßende seine Sünden bekennt, in den Worten der Barmherzigkeit, die der Heilige Geist ihm eingibt, und in der Ermahnung zum Durchhalten, um den Sieg über den Teufel in den Versuchungen zu erringen. Der Beichtende soll beruhigt fortgehen und das Herz im Frieden haben können.

Das Mitleid Jesu teilt sich durch den Priester mit

Dieser Dienst des Priesters setzt die Fähigkeit zum Zuhören voraus, und das ist vor allem das Werk des Herrn. Es ist ein Dienst des Mitleids von großer Schönheit, er stellt aber auch hohe Anforderungen, was ein heiligmäßiges Leben betrifft. Gott will die Befreiung und den Frieden des Herzens für alle seine Kinder, aber zuerst für seinen Priester.

Deshalb hat das Zweite Vatikanische Konzil es für gut befunden, die Priester an die Notwendigkeit zu erinnern, dieses Sakrament zu empfangen und für die Gläubigen verfügbar zu sein, welche ebenfalls dieses Sakrament zu empfangen wünschen:

> «Die Diener der sakramentalen Gnade einen sich Christus, dem Erlöser und Hirten, aufs innigste durch den würdigen Empfang der Sakramente, vor allem durch die häufig geübte sakramentale Buße; durch die tägliche Gewissenserforschung vorbereitet, fördert diese die notwendige Hinwendung des Herzens zur Liebe des Vaters der Erbarmungen gar sehr.»[38]

Und für die Gläubigen:

> «Die Pfarrer sollen auch bedenken, daß das Bußsakrament sehr viel dazu beiträgt, das christliche Leben zu fördern. Deshalb seien sie gerne bereit, die Beichten der Gläubigen zu hören; wenn es nötig ist, sollen sie dazu auch andere Priester beiziehen, die der verschiedenen Sprachen mächtig sind.»[39]

Der heilige Pfarrer von Ars sprach gerne vom Frieden der Seele, und er kannte gut den Weg dazu. Groß war sein Mitleid für alle, die zu ihm kamen, um seinen Dienst in Anspruch zu nehmen: «O, wie unglücklich ist der Sünder, er verliert den Frieden der Seele.» Durch das Sakrament der

---

38 Vatikan II, *Dekret über Dienst und Leben der Priester,* Nr. 18, § 2.
39 Vatikan II, *Christus Dominus,* Dekret über die Hirten in der Kirche, Nr. 30, § 2.

Buße finden wir nämlich den Frieden der Seele zurück. Gott vergibt uns, aber er befreit auch unsere Herzen. Man muß die Erfahrung dieses wiedergefundenen Friedens gemacht haben, um zu verstehen, was mit diesen Worten gemeint ist.

Der Apostel Paulus spricht zu uns von dem tiefen Frieden, der in der Barmherzigkeit empfangen wird. *«Gott wollte mit seiner ganzen Fülle in ihm wohnen, um durch ihn alles zu versöhnen. Alles im Himmel und auf Erden wollte er zu Christus führen, der Friede gestiftet hat am Kreuz durch sein Blut»* (Kol 1,19-20). Der Friede, den Gott uns gibt, kommt zu uns vom Kreuze Jesu her, von seiner grenzenlosen Liebe zu uns.

Gericht und Verdammnis sind nicht mehr

So kommt im Sakrament der Versöhnung der Friede durch die Verzeihung, und dieser Friede nimmt jede Spur von Gericht und Verdammnis hinweg. *«Jetzt gibt es keine Verurteilung mehr für die, welche in Christus Jesus sind»* (Röm 8,1).

Der Trost seinerseits nimmt jede Spur innerer Qual, Unruhe und Traurigkeit hinweg, und seine Frucht ist der Friede des Herzens für diejenigen, die — obwohl sie sich bewußt sind, noch immer ebenso schwach zu sein — die Sicherheit einer treuen und unzerstörbaren Liebe empfangen haben.

Schließlich gibt die Heilung und die damit einhergehende Befreiung dem, der gebeichtet hat, ein erleichtertes Herz und durch die spürbare Art und Weise, mit der er besucht worden ist, die Gewißheit, daß der Herr in seinem Leben am Wirken ist. Das ist eine unschätzbare Quelle von innerer Fröhlichkeit und Frieden. Die Macht des lebendigen Gottes ist anwesend im Sakrament und erfüllt die Verheißung des Propheten: «*Für euch aber, die ihr meinen Namen fürchtet, wird die Sonne der Gerechtigkeit aufgehen, und ihre Flügel bringen Heilung*» (Mal 3,20).

Viele werden von Sorgen gequält und kommen nicht von ihnen los. In der Beichte aber ist die Heilung von Skrupeln und Ängsten. Diejenigen, welche das Evangelium von der Barmherzigkeit nicht kennen, haben Angst, daß das Bekenntnis ihrer Sünden Schuldgefühle und Skrupel in ihnen erzeugen könnte; während in Wirklichkeit derjenige, der seine Fehler vor Gott bekennt, von ihnen befreit wird. Er weiß um die Erhörung seines Gebetes: «*Er wird wieder Erbarmen haben mit uns und unsere Schuld zertreten. Ja, du wirfst all unsere Sünden in die Tiefe des Meeres hinab*» (Mi 7,19). Selbstverständlich deshalb, damit man sie nicht wieder suchen geht. Dazu hat Pfarrer Thomas Roberts gesagt: «Da muß man das Hinweisschild beachten: Sünde verboten.»

Die Selbstbeobachtung kann nämlich die Urteilsfähigkeit trüben, wenn nämlich die Gedanken nur um sich selber kreisen. Bei der Vorbereitung auf eine Beichte ist es aber nicht das gleiche, denn dort setzen wir uns dem Blick der göttlichen Barmherzigkeit aus. Wir stellen dann fest, wie hart wir gegen uns selber sind, aber auch, wie gut Gott zu uns ist.

Gewissensbisse und Skrupel sind besiegt

Wieviele verängstigte oder skrupulöse Gemüter können die Wohltat einer guten Beichte bezeugen. Diejenigen, die beichten wollen und von Skrupeln geplagt sind, dürfen aber nicht in das andere Extrem fallen und mit allzu häufigen Beichten ihr Gewissen zu erleichtern suchen. Sie müssen dann ihrem Beichtvater gehorsam sein, der ihnen sagt, wie oft sie zur Beichte gehen sollen.

Was geschieht dann für gewöhnlich? Es gibt die sakramentale Gnade der Versöhnung, die unsere Herzen berührt, aber es gibt auch das Gemüt. Das muß man schon glauben! Das hat nichts mit Autosuggestion zu tun. Tatsache ist, daß die Lossprechung die Heilung von Gewissensbissen und Skrupeln bewirkt, welche die Ängste erzeugen.

> So war es bei jener Frau, die jahrelang fern von Gott gelebt hatte und die, nachdem sie eine Bekehrung erfahren durfte, selbst öffentlich bezeugte, daß der Herr sie in einer guten Beichte von schrecklichen Gewissensbissen befreit hatte, welche von zwei Abtreibungen verursacht worden waren, die bereits zwanzig Jahre zurücklagen. Jedesmal, wenn sie Kinder des gleichen Alters auf der Straße sah, wurde sie von Traurigkeit überwältigt. Als sie dann davon befreit war, fühlte sie sich so sehr von der Schuld erlöst, daß sie öffentlich davon Zeugnis ablegen konnte, ohne daß irgend jemand sie verurteilte. Im Augenblick der Lossprechung hatte ihr Jesus das Leben wiedergegeben, und nun konnte sie sich endlich auf den Herrn stützen: «*Er erhielt uns am Leben und ließ unseren Fuß nicht wanken*» (Ps 66,9).

So kann der Gläubige, der eifrig und regelmäßig dieses Sakrament empfängt, erkennen, wie er nach und nach in seinem ganzen Wesen zu einem tiefen Frieden gelangt, welcher das Werk der göttlichen Gnade ist:

«Der Gott des Friedens heilige euch ganz und gar und bewahre euren Geist, eure Seele und euren Leib unversehrt, damit ihr ohne Tadel seid, wenn Jesus Christus, unser Herr, kommt. Gott, der euch beruft, ist treu: er wird es tun» (1 Thess 5,23-24).

Nun ist der Friede der Seele wiedergefunden

Ja, mehr noch, inmitten dieses Friedens heiligt uns Gott. Das Sakrament der Versöhnung läßt uns an Heiligkeit wachsen. Dieses Wachstum an Heiligkeit ist der wichtigste Beruf unseres Lebens, auf den zu antworten nicht anders möglich ist als durch die Gnade Gottes, und diese Gnade wirkt im Sakrament.

Wer den Frieden der Seele erfahren hat, lebt in wahrem Frieden und kann ihn an andere weitergeben. Alle anderen Formen des Friedens hängen von diesem ab. Im Sakrament der Versöhnung geschieht es, daß wir diesen Frieden der Seele wiederfinden.

Allzu häufig kommt es vor, daß sehr eifrige Christen sich ständig im Zustand der Anspannung befinden und ununterbrochen ihre Haltung gegenüber den anderen kontrollieren. Sie sind gar nicht mehr «natürlich», und dennoch sind sie in psychologischer Hinsicht ganz ausgeglichen, und deshalb sollten sie häufiger beichten, oder, wenn sie es bereits tun, sich daran erinnern, daß sie, wenn sie dieses Sakrament empfangen, es auch deshalb tun, weil sie diesen tiefen Frieden suchen, den Gott ihnen geben will. Der Friede der Seele ist ein Geschenk, das Gott all seinen Kindern geben will, ohne Ausnahme.

Man darf indessen niemals vergessen, daß man nicht für sein persönliches Wohlergehen zur Beichte geht: das wäre ein schwerwiegender Irrtum. Man kommt, um damit Gott die Ehre zu geben, denn «die Ehre Gottes ist der lebendige Mensch», wie der heilige Irenäus von Lyon es uns sagt.

Gott heilt uns, wie es bei der Schwiegermutter des heiligen Petrus der Fall war, um besser dienen zu können. *«Er ging zu ihr, faßte sie an der Hand und richtete sie auf. Da wich das Fieber von ihr, und sie sorgte für sie»* (Mk 1,31).

Hab keine Bedenken, in dir diese Sehnsucht nach Frieden aufsteigen zu lassen. Das ist kein ichsüchtiger Wunsch. Es ist der Wille Gottes für dich. Laß diese Sehnsucht aus den tiefsten Gründen deines Herzens und deiner Seele aufsteigen. Sei deshalb zunächst wachsam in dieser Hinsicht. Sobald du zu fühlen beginnst, daß dieser von Gott geschenkte Friede dir zu entgleiten droht, dann greife ein, rufe den Herrn an, vielleicht mit diesen Worten: «Jesus, ich binde mich an dich», denn *«er ist unser Friede»* (Eph 2,14).

Mit der Zeit, durch Erfahrung belehrt, wirst du bemerken, daß der Friede Gottes dich immer dann verläßt, wenn du aus seiner Liebe heraustrittst, indem du dem «alten Menschen» gehorchst. Gib dann acht, nicht der Versuchung zu erliegen oder dich von der Last erdrücken zu lassen. Sei wachsam und handle unverzüglich.

Der Friede ist zunächst ein Geschenk Gottes. *«Frieden hinterlasse ich euch, meinen Frieden gebe ich euch»* (Joh 14,27). Deine Aufgabe ist es, ihn zu bewahren oder zu ihm zurückzukehren, Tag für Tag,

Stunde für Stunde, Minute für Minute. Auf diese Weise werden die Depressionen, die Ängste und der Streß vollständig zur Heilung gelangen. Du wirst dein verwundbares Temperament behalten, dein Kopf kann nicht alles vertragen, dein Herz ist hypersensibel, aber die Gnade Gottes, der ja getreu ist, und dieser Friede werden dir immer gegeben und wiedergegeben.
Hättest du auch die schwerste Sünde der Welt begangen, Gott ist da, um dir den vollständigsten und tiefsten Frieden wiederzugeben, ganz einfach, weil er dich liebt und nicht will, daß du auch nur einen Augenblick länger in Qualen lebst. Wenn du dich also entschließt, zum Vater zurückzukehren, dann wird deine innere Lähmung dich verlassen, und dein Herz wird sich für deine Brüder öffnen, um mit ihnen diesen Frieden zu teilen. Es war für dich aber nötig, an diesen Frieden zu glauben und dafür zu arbeiten: «*Meide das Böse, und tu das Gute; suche den Frieden und jage ihm nach!*» (Ps 34,15).

5. Zwei Herzen, die sich wiederfinden, das ist dann das Fest

Im Sakrament der Versöhnung gibt es ein Vorher und ein Nachher. Da ist zum Beispiel diese Frau, die befreit den Beichtstuhl verläßt, mit tiefer Freude im Gesicht, oder jener Mann, der sich von der Beichte erhebt, voll Vertrauen und Zuversicht. Diese Freude und diese Zuversicht, das ist ein Geschenk des Herrn, das den Streß verjagt, der diese

Menschen seit Jahren wie in einer Zange hielt. Sagen wir jetzt aber nicht, wenn sie ihre Freude überall laut verkünden, daß dieser Enthusiasmus übertrieben sei. Es ist eine dem Evangelium entsprechende Freude: Die überströmende Freude des Vaters, der sein verlorenes Kind wiederfindet, und dies erzeugt eine Freude, die ansteckend wirkt. Möge der Herr uns von der Lauheit jener bewahren, die an der Allmacht Gottes und an der Gnade zweifeln und versuchen, den Enthusiasmus dessen zu unterdrücken, der soeben seine Seele gerettet hat. Der Geist des Pessimismus ist dem Geist des Evangeliums vollständig entgegengesetzt, weil er die Niederlage und den Mißmut vorausverkündet, während das Evangelium sich auf Jesu Sieg am Ostermorgen stützt.

Ein Sakrament, das niemals traurig ist

«Sättige mich mit Entzücken und Freude! Jubeln sollen die Glieder, die du zerschlagen hast» (Ps 51,10). Was diesen Punkt betrifft, so ist das Wort des Evangeliums sehr genau: *«Mein Sohn war tot und lebt wieder; er war verloren und ist wiedergefunden worden. Und sie begannen, ein fröhliches Fest zu feiern»* (Lk 15,24).

Gott will seine Barmherzigkeit so weit gehen lassen, daß die Sünde mitsamt der Wurzel ausgerissen wird. Daher wandelt sie sich zu Freude im Herzen eines jeden Menschen, sowohl des Beichtenden wie auch des Priesters. *«Wer Barmherzigkeit übt, der tue es freudig»*, sagt der Apostel Paulus (Röm 12,8).

Der Vater des Verlorenen Sohnes freute sich beim Gedanken an seine Rückkehr. Zwar sah er ihn noch nicht kommen, aber zutiefst lebte in ihm die Hoffnung, und das erfüllte ihn bereits mit Freude. *«Der Vater sah ihn schon von weitem kommen, und er hatte Mitleid mit ihm. Er lief dem Sohn entgegen, fiel ihm um den Hals und küßte ihn»* (Lk 15,20), und dann ordnete er an, daß ein Fest gefeiert werde zu Ehren dessen, der *«verloren war und wiedergefunden worden ist»* (Lk 15,24).

Mit der Barmherzigkeit des Vaters empfangen wir noch zusätzlich zum Frieden seine Freude in der Gnade des Sakramentes der Versöhnung.

Ein Priester soll immer von Barmherzigkeit, Frieden und Freude erfüllt sein: Gott hat ihm diese Schätze anvertraut, damit er sie weitergeben kann. Die Sakramente lassen den Sieg Gottes über die Welt, das Böse und den Widersacher gegenwärtig werden: *«Das ist der Sieg, der die Welt besiegt hat: unser Glaube»* (1 Joh 5,4). Das Sakrament der Versöhnung ist in ganz besonderer Weise ein Sakrament des Glaubens. Die Armen und die Sünder haben darin Zugang zum wahren Reichtum: dem der Liebe Gottes, den sie endlich wiedergefunden haben. Als Hungrige, die sie sind, können wir mit Maria, der Jungfrau der Armen und Mutter der Barmherzigkeit sprechen: *«Die Hungernden beschenkt er mit seinen Gaben und läßt die Reichen leer ausgehen»* (Lk 1,53).

In diesem Sakrament hat der Gute Hirte sein verlorenes Schaf wiedergefunden.

> *«Er ruft seine Freunde und Nachbarn zusammen und sagt zu ihnen: Freut euch mit mir; ich habe mein Schaf wiedergefunden, das verloren war. Ich sage euch: Ebenso wird auch im Himmel mehr Freude herrschen über einen ein-*

zigen Sünder, der umkehrt, als über neunundneunzig Gerechte, die nicht nötig haben umzukehren» (Lk 15,6-7).

Der Jansenismus des vergangenen Jahrhunderts, der mehrere Generationen lang die Menschen zur Angst davor geführt hat, vor dem drohenden «Richterstuhl der Buße» zu erscheinen, beginnt endlich zu verschwinden. Von einer Situation ausgehend, in der alles verloren zu sein scheint (wobei der Teufel seine Hand im Spiele hat), dreht die göttliche Barmherzigkeit alles im guten Sinne um, im Sinne des Lebens und der Gottesliebe, die sich gibt und immer wieder gibt. Niemand fehlt: weder der Schöpfer noch sein Geschöpf, weder der Vater noch der Sohn: die Hoffnung ist wiedergefunden, das Fest ist vollständig.

Es zeigt sich allerdings ein Schatten auf diesem Bild: Der älteste Sohn, der vom Felde zurückkehrt, weigert sich einzutreten und am Festmahl teilzunehmen. Es ist nicht das Fest an sich, das er ablehnt, sondern seinen jüngeren Bruder, mit dem er nichts zu tun haben will. Indem er ihm die Vergebung verweigert, schließt er sich selbst von der gemeinsamen Freude aus und außerdem vom Herzen des Vaters. Gott gibt uns in diesem Gleichnis zu verstehen, daß er nicht etwa zwei Sorten von Kindern hat: diejenigen, die einen guten Ruf haben, und diejenigen, denen er fehlt. Alle sind Sünder und haben es nötig, seine Barmherzigkeit zu erfahren, um daraus zu leben.

Das Fest des Lebens triumphiert über den Tod

Das Fest ist ein wesentlicher Bestandteil der göttlichen Barmherzigkeit, die auch dem größten Sünder gewährt wird. Auf diese Weise lädt der Herr jeden dazu ein, alle Menschen ebenfalls mit dem gleichen Herzen voll von

Erbarmen zu lieben. Das auch nur von einem einzigen Sünder empfangene Sakrament der Versöhnung hat seine Auswirkungen auf die ganze Menschheit. So wird die Freude des Himmels allen gegeben und mit allen geteilt.

Wenn der Sünder bereut hat, wird die Gemeinschaft zusammengerufen zum Fest. Diese letzte Etappe des Sakramentes der Versöhnung ist vielfach nicht leicht zu verwirklichen, aber es gibt sie doch:

> Dank der Initiative eines Pfarrers in einer Stadt wird seit fünfzehn Jahren an jedem Samstag folgendes getan: Alle, die es ermöglichen können, kommen am Samstagnachmittag zusammen, um eine Zeit des Gebetes vor dem Sakramentsaltar zu verbringen. Es folgen einander Lobgesänge, Danksagung, *«Psalmen, Hymnen und Lieder, wie sie der Geist eingibt»* (Kol 3,16). Gegenüber, in einer anderen Kapelle, empfängt der Pfarrer der Gemeinde die Büßenden einzeln zur Beichte. Anschließend lädt er sie ein, sich für einige Minuten der Gebetsgruppe anzuschließen, so lange, wie es ihnen möglich ist. Und das ist das Fest! Auch ohne zu wissen, wie dieser Bruder heißt, wird er aufgenommen. Das ist jetzt nicht der Augenblick, miteinander zu reden, sondern Dank zu sagen. Und es ist dann die Freude des Himmels, von der der heilige Lukas spricht, als der Gute Hirte sein verlorenes Schaf wiedergefunden hatte und all seine Freunde einlädt, sich mit ihm zu freuen (vgl. Lk 15). So endet das Sakrament in der Freude. Und wer würde da nicht wünschen, aufs neue zur Beichte zu gehen?

Eine solche Art und Weise, das Sakrament zu praktizieren, könnte bei manchen einige Probleme aufwerfen. Aber ist die wahre Frage nicht die, daß an vielen Orten diese Gnade, die wirklich die Pfarrei betrifft und so sehr dem Evangelium entspricht, praktisch nicht durchzuführen ist, oder auch die jener anderen Orte, wo diese Einrichtung zwar möglich wäre, man aber noch nicht gewagt hat, sie vorzuschlagen?

Das Sakrament der Versöhnung ist das Fest des Lebens, und kann es denn eine größere Freude geben als die, vom Tode zum Leben überzugehen? Der heilige Paulus verkündet das machtvolle Wirken des auferstandenen Christus in uns: «Wir *wissen, daß Christus, von den Toten auferweckt, nicht mehr stirbt; der Tod hat keine Macht mehr über ihn. Denn durch sein Sterben ist er ein für allemal gestorben für die Sünde... So sollt auch ihr euch als Menschen begreifen, die für die Sünde tot sind, aber für Gott leben in Christus Jesus*» (Röm 6,9-11), die lebendig sind im wahren Leben, dem Leben in Ewigkeit.

Wer das Sakrament der Versöhnung empfangen hat, in dessen Herz soll immer ein Festtag sein. Warum? Weil, wenn der Sünde widersagt wird, zugleich auch die Traurigkeit verlassen wird. Oft hat man in einer guten Beichte endlich seine Last ablegen können, man geht erleichtert hinaus, und die Freude ist zurückgekommen.

Dich aber, der du bereits diesen Weg der Freude wiedergefunden hast, will der Herr noch tiefer in diese Freude hineinführen, die auch ohnedies schon so groß ist. Sobald nämlich die Sünden fortgenommen sind, lebt man auf und fühlt sein Herz erleichtert. Das Hindernis zwischen Gott und uns ist gefallen, es ist die Freude, daß zwei Herzen sich wiedergefunden haben, die doch dafür da sind, einander zu lieben, und zwar für die Ewigkeit. Die Freude über die Befreiung ist groß und wunderbar, aber die Freude über die wiedergefundene Liebe ist noch viel schöner und viel tiefer. Und sie wird dir die Kraft geben, in Zukunft niemals mehr das geliebte Wesen zu verlassen.

Du, der du regelmäßig dieses Sakrament empfängst, erkennst jetzt, zu welcher wahren Freude der Herr dich einlädt. Es ist die Freude, Jesus näherzukommen, dem Vielgeliebten deines Lebens, zu dem du auf Distanz gegangen warst oder gegen den du dich bis zur Auflehnung widersetztest. Jesus aber hatte dich immer treu geliebt.

Das ist nun keine gewöhnliche Freude mehr, es ist die Freude des Himmels, welche Jesu Herz dir mitteilt, eine unermeßliche Freude, die auf dem Weg dieses großen Sakramentes wiedergefunden wird, welches Jesus seiner Kirche anvertraut hat. Zuerst ist es die persönliche Freude des glücklichen Schafes, das wiedergefunden worden ist. Danach entdeckt es, daß es auch die Freude des guten Hirten ist, der sein Schaf wiedergefunden hat. Und seine Freude wird sehr schnell von Dankbarkeit erfüllt. Dann läßt sich das Schaf, das verloren war, aufs neue von seinem Hirten lieben. Das war nämlich das Ziel der göttlichen Barmherzigkeit: nicht nur die Auslöschung der Sünde, sondern die endlich wiedergefundene Vereinigung in der gegenseitigen Liebe!

Du erkennst jetzt nun besser, daß die Gnade des empfangenen Sakramentes keinesfalls beendet ist, wenn du den Priester verlassen hast. Deshalb mußt du dir immer eine persönliche Zeit mit Jesus nehmen, um mit ihm diese innere Freude zu leben, einander wiedergefunden zu haben. An jenem Tag, da du dahin gelangen wirst, dich vollständig von einer schlimmen Sünde zu trennen, wird dein Herz nicht nur deshalb in der Freude sein, weil du von einer schlimmen Abhängigkeit losgekommen bist, sondern weil du endlich enger zu Jesus gehörst. Nach einer guten Beichte mußt du dir immer die Zeit nehmen, dieses Fest zu feiern, mit deinem Herzen bei Jesu Herz zu sein. Dann wirst du später aufs neue zur Beichte gehen, ohne daß jemand es nötig gehabt hätte, es dir zu sagen. Vor allem aber wirst du die Freude haben zu erkennen, daß du die Freude des Vielgeliebten bist, der deine Rückkehr erwartete, damit du ihm die Hingabe deines Lebens erneut zum Ausdruck bringst.

Die heilige Theresia betrachtete sich nicht mehr selbst; ihr Herz war ganz dem Vielgeliebten zugewandt, und so machte sie in der Weihnachtsnacht des Jahres 1886 diese Erfahrung:

«Ich fühlte mit einem Wort die Liebe in mein Herz eintreten, das Bedürfnis, mich zu vergessen, um Freude zu verbreiten, und von da an war ich glücklich.»[40]

40 Manuscrits Autobiographiques, S. 117.

In diesem großen Sakrament läßt Gott selbst die Liebe in unser Herz eintreten. Damit ist in uns alles anders geworden.

Die Versöhnung ausstrahlen

«Er freut sich und jubelt über dich, er erneuert seine Liebe zu dir» (Zef 3,17).

KAPITEL IV

1. Ein Verlangen nach Liebe bis zur Sehnsucht nach dem Himmel.
2. Für die Schönheit der Kirche.
3. Für das Heil der Welt.
4. Priester für dieses Sakrament.
5. Über die Verzeihung hinaus: die Versöhnung.

Das Sakrament der Versöhnung ist zu groß, als daß es nur auf den kleinen Augenblick beschränkt bliebe, wo wir es empfangen. Wir haben es von mal zu mal bemerkt, wenn wir die Geschichte unseres Heilsweges betrachteten.

Dieses Sakrament hebt uns auch über uns selbst hinaus, indem es uns zu Werkzeugen des Friedens macht:

> *«Gott... hat uns durch Christus... den Dienst der Versöhnung aufgetragen... Wir sind also Gesandte an Christi Statt»* (2 Kor 5, 18,20).

In unsere zerrissene Welt hat der Herr eine Sehnsucht nach Versöhnung und Einheit gelegt. Wie aber könnte diese verwirklicht werden, wenn nicht durch die Heiligkeit der Kirche und in ihrem glühenden Wunsch, das Heil der Welt sich verwirklichen zu sehen?

Mitten in dieser Sehnsucht nach der in der Kirche gelebten Liebe befindet sich der unverzichtbare Platz des Sakramentes der Versöhnung. Dafür aber ist ein anderes Sakrament erforderlich: das der Priesterweihe, das unersetzliche Priesteramt im Dienste der Gläubigen. Dann verwirklicht sich die unvorstellbare und unermeßliche Gnade, die dem Menschenherzen Schwung und Tatkraft gibt, es zur Nachfolge Christi antreibt bis zur Torheit der Liebe: die allumfassende Versöhnung.

1. Ein Verlangen nach Liebe bis zur Sehnsucht nach dem Himmel

Der Himmel, der auch glückselige Schau genannt wird, wird auf der Erde vorbereitet, indem man durch geistliches Wachstum an der Heiligkeit arbeitet, und das Sakrament der Versöhnung ist unersetzlich für unser geistliches Leben. Das geht so weit, daß jede Beichte auf die Ewigkeit hin ausgerichtet ist, oder besser gesagt, auf das ewige Glück.

Jede Beichte ist ein weiterer Schritt zum Himmel

Die Sehnsucht nach dem Himmel ist letztenendes die Antriebskraft für unsere Beichten. Die Versöhnung mit Gott bereitet am besten diesen Augenblick vor, wo wir ihn endlich von Angesicht zu Angesicht schauen werden. Darum hat der Herr dieses Verlangen in uns gelegt, «gerechtfertigt zu sein» wie der Zöllner, der «gerechtfertigt» nach Hause zurückkehrte, weil er das demütige Gebet gesprochen hatte: «Gott, *sei mir Sünder gnädig*» (Lk 18; 13-14).

Jetzt verstehen wir besser die Seligpreisungen, die, wie ihr Name sagt, uns schon hier auf der Erde einen Teil des ewigen Glückes schenken. Wenn wir diesen Wunsch und diese Sehnsucht in uns Raum gewinnen lassen, dann bereiten wir uns auf den Himmel vor mit spontaner Hingabebereitschaft und dem notwendigen Mut, und wir werden dabei niemals enttäuscht werden, denn Gott ist immer seinen Verheißungen treu.

«Selig, die hungern und dürsten nach der Gerechtigkeit; denn sie werden satt werden» (Mt 5,6), sagt uns Jesus. Es handelt sich um jene, die nur eine einzige Sehnsucht haben, nur ein einziges glühendes Verlangen, nämlich dem Herzen Gottes gleichförmig zu werden. Das ist die Sehnsucht nach Heiligkeit, und auch in diesem Fall steht Jesus zu seiner Verheißung: sie werden gesättigt werden.

Eine einzige Bedingung ist dafür erforderlich: alles von Gott zu erwarten, alles von seiner Barmherzigkeit, die uns niemals fehlt, da sie unendlich ist. Anders ausgedrückt: leere Hände zu haben und alles zu empfangen: *«Die Armen sollen essen und sich sättigen»* (Ps 22,27). *«Öffnest du deine Hand, werden sie satt an Gutem»* (Ps 104; 28). Sehr richtig sagt die heilige Theresia in ihrem Akt der Hingabe an die Barmherzige Liebe:

> Am Abend dieses Lebens werde ich mit leeren Händen vor dir erscheinen und alles empfangen, denn ich bitte dich nicht, o Herr, meine Werke zu zählen. Daher will ich mich mit deiner eigenen **Gerechtigkeit** bekleiden und von deiner **Liebe** den ewigen Besitz **deiner selbst** empfangen.»[41]

41 ibd. S. 308.

Diejenigen, die nicht wahrhaft von Sehnsucht nach Liebe erfüllt sind, sind vielleicht noch zu reich an sich selbst. Es gibt auch diejenigen, die die Liebe nur für eine Zeitlang ins Auge fassen, diejenigen, die versuchen, sich einzureden, daß das, was einmal verloren war, es für immer sein würde. Sie machen sich selber unglücklich: sie wissen nicht, was Milde, Verzeihung und Barmherzigkeit ist.

Diejenigen, die sich wirklich nach der Liebe sehnen, zählen auf die göttliche Barmherzigkeit, welche unerschöpflich ist, und akzeptieren demütig, daß Jesus sie von ihren Sünden «losgekauft» hat.

...sich um Heiligkeit bemühen

Das Ziel der häufigen Beichte ist das Streben nach **Heiligkeit**, im Evangelium auch «Gerechtigkeit» genannt: *«Euch ... muß es zuerst um sein Reich und seine Gerechtigkeit gehen»* (Mt 6,33). Wenn derjenige, der nach der Heiligkeit verlangt, feststellen muß, daß er immer wieder einen Weg eingeschlagen hat, der vom Heile wegführt, dann zögert er nicht lange, um zur Beichte zu gehen.

Unsere Sehnsucht nach Liebe läßt sich an der Intensität der Sehnsucht messen, mit der wir nach dem Himmel verlangen. Das, was der Herr für jeden von uns will, besteht nicht zuerst darin, daß wir uns ständig auf die Sünde konzentrieren, die es zu vermeiden gilt, sondern daß wir Sehnsucht haben nach dem ewigen Glück und daß wir es auf der Erde vorbereiten. *«Meine Seele dürstet nach Gott, nach dem lebendigen Gott. Wann darf ich kommen und Gottes Antlitz schauen?»* (Ps 42,3).

Die Heiligen zeigen uns den Weg dahin. Die heilige Theresia vom Kinde Jesus geht «am Abend dieses schönen

Tages», wie sie den Tag ihrer ersten heiligen Kommunion nennt, ihre große Schwester Pauline besuchen, die in den Karmel eingetreten ist, und faßt mit folgenden Worten die unermeßliche Sehnsucht zusammen, die in ihrem Herzen lebt: «Ja, meine Freude war ohne Bitterkeit, ich hoffte, bald wieder bei ihr zu sein und mit ihr den Himmel zu erwarten!»[42]

Wir sind für das ewige Lob geschaffen worden: «Alle *deine Werke sollen dich ewig preisen*» (Tob 3,11). Dafür ist uns der Heilige Geist gegeben worden, «*der erste Anteil des Erbes, das wir erhalten sollen, der Erlösung, durch die wir Gottes Eigentum werden, zum Lob seiner Herrlichkeit*» (Eph 1,14). Wir empfangen das Geschenk des Heiles, indem wir uns entscheiden, in dieses Mysterium der Erlösung einzutreten, dort, wo «*das Blut Jesu uns von aller Sünde reinigt*» (1 Joh 1,7).

Das glühende Verlangen nach dem Himmel muß die Herzmitte aller unserer Beichten sein. Diejenige, die ich heute ablege, kann vielleicht die letzte sein, ehe ich mich bei Gott von Angesicht zu Angesicht befinden werde. Welch eine Gnade, vor Gott mit einem gereinigten Herzen zu erscheinen! Deshalb ist es auch wichtig, am Ende unseres Lebens die «letzten Sakramente» zu empfangen. Wie viele Christen verlangen wirklich danach, dann diese drei Sakramente zu empfangen? Der Priester nimmt sich die Zeit, dem Kranken, welcher fühlt, daß die Zeit gekommen ist, diese Erde zu verlassen, nacheinander das Sakrament der Buße, der Krankensalbung und der Eucharistie zu spenden. Das ist die Gnade der Gnaden, welche das ganze Leben krönt: sich vollständig dem Herrn übereignen zu

42 ibd. S. 94.

können. Es ist die Rückkehr des Verlorenen Sohnes ins Haus des Vaters: «*Nun läßt du, Herr, deinen Knecht, wie du gesagt hast, in Frieden scheiden*» (Lk 2,29).

Der Himmel, das Fegefeuer und die Hölle

Es ist jedoch unmöglich, vom Glück des Himmels zu sprechen, ohne immer wieder darauf hinzuweisen, daß die Hölle existiert, ebenso auch das Fegefeuer, wie es der Katechismus lehrt:

> «Der Himmel ist die Vollendung des Lebens, die Fülle des Lebens, in der Liebe des dreifaltigen Gottes und unserer Brüder. Die Bibel sagt von dieser Fülle: Der Himmel ist die ewige Glückseligkeit für den Menschen, die vollständige Teilhabe am Leben der Allerheiligsten Dreifaltigkeit, die Schau Gottes von Angesicht zu Angesicht (vgl. Kor 13,12), Freude und Frieden ohne Ende. Die Ausdrucksweise der Apokalypse läßt einen Zustand des Lichtes und des Lebens erahnen (vgl. Apk 21,1-4; 22, 3-5).
> Weiterhin: «Das Glück des Himmels ist nicht ein einsames Glück. Es ist Gemeinschaft mit Gott, aber auch mit all denen, die in der Liebe Gottes leben, in seinem Heiligen Geiste, mit denen, die auf der Erde sind, und mit denen, die nicht mehr dort sind. Es ist die vollendete Verwirklichung der **Gemeinschaft der Heiligen**.»[43]
> «Um zu dieser Schau Gottes zu gelangen, kann eine Stufe der Reinigung, Fegefeuer genannt, notwendig sein. Es handelt sich weder um einen Ort noch um eine

43 *Catéchisme des Évêques de France,* Nr. 662.

Zeit; man könnte vielmehr von einem Zustand sprechen. Auf jeden Fall ist das Fegefeuer, das zwar eine Qual ist, nicht als eine Strafe zu verstehen, mit der Gott sozusagen wegen all unserer Untreuen Rache an uns nimmt. Die Gemeinschaft mit Gott, in welche wir durch den Tod hineingeführt werden, macht uns auf schmerzhafte Weise bewußt, wie unvollkommen wir sind, daß wir uns der Liebe verweigerten und es nötig haben, uns durch die heilbringende Kraft Christi reinigen zu lassen.

Die Reinigung und Umwandlung wird durch Gott selbst vollzogen. Die Tradition der katholischen Kirche weist aber darauf hin, daß diejenigen, die sich im Reinigungsort befinden, einen Nutzen haben von den Gebeten und Bitten, die von ihren Brüdern für sie an Gott gerichtet werden, ebenso wie von der Fürsprache der Heiligen, die schon in die Glückseligkeit der Schau Gottes eingeführt worden sind.»[44]

Der Jansenismus des vorigen Jahrhunderts ist inzwischen überlebt. Die Hölle ist nicht länger eine Drohung, sie bleibt aber eine Wahrheit, die vom Evangelium bestätigt wird:

«**Die Hölle** ist die letzte Konsequenz einer vollständigen Ablehnung Gottes und jeder Hilfe, die von ihm angeboten wird. Sie ist die Ablehnung des Lebens und der Freude, die von Gott angeboten wird... Niemand kann behaupten, daß dieser oder jener Mensch aus eigener Schuld in der Hölle sei. Die Hölle aber weist

44 ibd. Nr. 660.

darauf hin, daß der Mensch die Möglichkeit hat, das von Gott angebotene Leben endgültig zu verweigern.»[45]

Hören wir, wie der heilige Pfarrer von Ars von der Hölle zu uns spricht, nicht mit erschreckenden Worten, sondern in Begriffen der Liebe: «Ich liebe dich, o mein Gott, und ich fürchte nur deshalb die Hölle, weil man dort niemals den süßen Trost hat, dich zu lieben» (Zeugnis der Liebe des Pfarrers von Ars). Das Wort Gottes sagt uns ja:

> *«Furcht gibt es in der Liebe nicht, sondern die vollkommene Liebe vertreibt die Furcht. Denn die Furcht rechnet mit Strafe, und wer sich fürchtet, dessen Liebe ist nicht vollendet»* (Joh 4,18).

Um in der Heiligkeit zu wachsen, mußt du den richtigen Weg dazu nehmen: Die häufige Beichte ist ein Meilenstein auf diesem Weg, der das geistliche Wachstum schenkt. Sie ist selbstverständlich nicht das einzige Mittel, aber sie ist unverzichtbar beim Streben nach Heiligkeit. An allzu vielen Orten, wo man nicht mehr von diesem Sakramente spricht, gibt es gleichzeitg auch nur sehr wenig glühendes Verlangen nach Heiligkeit. Und was ist dann aus der Sehnsucht nach dem Himmel geworden?

Denke immer wieder sehnsuchtsvoll an den Himmel, dann wird dir jenes große Verlangen nach der Gottesliebe geschenkt, welche die Heiligkeit erzeugt. Bei der Betrachtung deines Elends wirst du immer im Sakrament der Versöhnung die Gewißheit erhalten, auf dem rechten Wege zu sein, in der

45 ibd. Nr. 663.

schon im voraus verkosteten Freude des Gottesreiches. Mit einem Wort, um gut zu beichten, mußt du zuerst eine glühende Sehnsucht nach dem Himmel haben.

2. Für die Schönheit der Kirche

Jeder Christ steht vor einer Wahl: «*Das Tor ist weit, das ins Verderben führt, und der Weg dahin ist breit, und viele gehen auf ihm. Aber das Tor, das zum Leben führt, ist eng, und der Weg dahin ist schmal, und nur wenige finden ihn*» (Mt 7,13-14). Es ist eine Wahl des Lebens.

Einer Anforderung der Liebe unterworfen

Jeder Mensch, der sich Gott zuwendet, wird sich seines Elends bewußt und ist eingeladen, die Gebote zu halten, zunächst jedoch nicht, um die Sünde zu vermeiden: «*Wenn du auf die Gebote des Herrn, deines Gottes, auf die ich dich heute verpflichte, hörst, indem du den Herrn, deinen Gott, liebst, auf seinen Wegen gehst, auf seine Gebote, Gesetze und Rechtsvorschriften achtest, dann wirst du leben und zahlreich werden*» (Dtn 30,16).

Hören wir hierzu einen französischen Bischof, der uns sagt, worauf es an diesem Ende des 20. Jahrhunderts ankommt:

> «Es ist vielleicht die außergewöhnliche Eingebung des Papstes Johannes Paul II., der die Menschen einladen möchte, sich auf den Sinai zu begeben zur Eröffnung des dritten Jahrtausends des Christentums. Die an das französische Volk gerichtete Frage ist die folgende:

> Frankreich, willst du noch den Zehn Geboten gehorchen? Das goldene Kalb oder die Gesetzestafeln des Sinai, das ist auch heute noch die zu treffende Wahl.»[46]

Angesichts eines solchen Dilemmas ist die Wahl nicht leicht. Jeder weiß um die Unbeständigkeit des Geschöpfes: *«Eure Liebe ist wie eine Wolke am Morgen und wie der Tau, der bald vergeht»* (Hos 6,4).

Von Jahrhundert zu Jahrhundert gibt das Sakrament der Buße dem Volk Gottes die Möglichkeit, aus der Sklaverei des goldenen Kalbes zurückzukehren zur Anbetung des wahren Gottes mit dem Halten seiner Gebote.

Die Kirche ist die Braut Christi: Das Zweite Vatikanische Konzil erinnert uns daran. Der heilige Paulus lehrt es uns und spricht zu uns von der Sehnsucht Christi nach seiner Braut:

> *«Christus … hat sich für die Kirche hingegeben, um sie im Wasser und durch das Wort rein und heilig zu machen. So will er die Kirche herrlich vor sich erscheinen lassen, ohne Flecken, Falten oder andere Fehler; heilig soll sie sein und makellos»* (Eph 5,25-27).

Heiligung und Reinigung

Die Heiligung der Kirche, das ist die Heiligung aller Christen. Indem er diese wünscht und sich dafür einsetzt, trägt jeder Christ zur Schönheit der Braut Christi bei, zur der wir alle gehören. Paulus lädt alle christlichen Eheleute dazu ein, in diese Gnade einzutreten, die gleicherweise

46 Msgr. Georges Gilson, in: *La Croix,*, 20. Mai 1994.

auch die aller Getauften ist. Wir sind Glieder dieser Kirche und dazu bestimmt, die Vielgeliebten seines Herzens zu sein.

Weil wir Getaufte sind, haben wir die Aufgabe, die Kirche schöner zu machen. Bei jeder Beichte kommt Jesus, um uns in diesem «Wasserbad» zu reinigen, von dem der heilige Paulus spricht, und das schon der Prophet angekündigt hatte: *«Ich gieße reines Wasser über euch aus, dann werdet ihr rein»* (Ez 36,25).

Das Wort, das diese Reinigung «begleitet», wird bei der Lossprechung durch den Priester ausgesprochen. Jeder findet hier ein «neues Herz», dank der Allmacht des Heiligen Geistes, der diese Verheißung erfüllt: *«Ich nehme das Herz von Stein aus eurer Brust und gebe euch ein Herz von Fleisch»* (Ez 36,26).

So wird bei jeder Beichte das hochzeitliche Gewand unserer Taufe wieder weiß gewaschen, und so erfüllen wir, was uns betrifft, den sehnlichsten Wunsch des Bräutigams für seine Kirche, nämlich den, daß sie schön und «ganz strahlend» sei.

Jede persönliche Reinigung ist daher der Weg der Heiligung für unsere Kirche, die ja dazu berufen ist, «heilig und unbefleckt» zu sein. Dafür ist das Sakrament der Buße unverzichtbar. Es ist jener bevorzugte Ort, den der Herr selbst ins Leben gerufen hat, um das Herz derer, die ihm nachfolgen, zu reinigen. Diese Quelle der Gnade betrifft den Priester, aber auch jeden von uns und letzten Endes die ganze Kirche. Die guten Wirkungen, die wir daraus schöpfen, gehen weit über unsere kleine Person hinaus. Es ist die Schönheit und der Reichtum des mystischen Leibes Christi. Die Bemühung eines jeden erzeugt das geistliche Wachstum von allen.

In den gemeinschaftlichen Feiern

Von Zeit zu Zeit kann das Sakrament auch in gemeinschaftlichen Gottesdiensten durch den Priester gespendet werden. Die ganze christliche Gemeinschaft, die Pfarrei, tritt dann in die Gnade der Reue ein, indem sie das Wort Gottes anhört, die Predigt des Priesters, und indem sie aus ganzem Herzen die Bußlieder und die der Danksagung singt. Zu einem bestimmten Zeitpunkt im Laufe der Feier wird dann das Sakrament selbst seinen Platz einnehmen mit dem persönlichen Bekenntnis der Sünden und dem Empfang der Lossprechung.

Vergessen wir aber auch nicht, daß diese Gnade der Barmherzigkeit auch auf anderen Wegen gegeben wird. Der Glaube, den wir in die Sakramente haben, darf uns nicht etwa die Sakramentalien vergessen lassen. Sakramentalien kennen wir vom Anfang jeder Eucharistiefeier her, wie z.B. das «Ich bekenne vor Gott», das «Herr, erbarme dich» und das reinigende Weihwasser. Der Priester seinerseits sagt: «Möge der allmächtige Gott uns barmherzig sein, er verzeihe uns unsere Sünden und führe uns zum ewigen Leben.»

Die Liturgie wird noch dem Sakrament hinzugefügt. Auch im Stundengebet des Breviers treffen wir immer wieder auf Fürbitten, um die göttliche Barmherzigkeit zu erflehen. Man darf niemals das Sakrament der Versöhnung isoliert und aus seinem Zusammenhang losgelöst sehen. Es wird in der Kirche empfangen: «Durch das Priesteramt der Kirche gebe er Ihnen die Verzeihung und den Frieden...», sagt uns der Priester bei jeder Absolution.

Die Kirche ist keine Rabenmutter, welche unter Androhung der Verdammnis Regeln vorschreibt, die befolgt werden müssen. Sie ist eine Mutter voll Zärtlichkeit, die diese an alle ihre Kinder weitergibt. Sie wacht über sie und übermittelt ihnen vom Herrn her alles, was ein jeder nötig hat. Viele sind auf der Suche, andere irren ratlos umher. Hier ist es wichtig, die Lehren unseres Heiligen Vaters und unserer Bischöfe zu hören.

Für alle, die getauft sind, erbittet die Kirche die Gnade, mit großem Verlangen nach dem Wort Gottes und den Sakramenten zum Lichte zurückzukehren, und wenn der eine oder andere sich vielleicht von seinem Herrn und seiner Kirche entfernt hat, — ist dann das Sakrament der Versöhnung nicht der erste Schritt, der getan werden muß, so wie der Verlorene Sohn es tat, um sich zu bekehren? Das Heil der Welt kommt durch die Versöhnung. Deshalb gibt es keine neue Evangeliumsverkündigung ohne eine eifrige Rückkehr zum Sakrament der Buße. Die geweihten Stätten unserer Pilgerfahrten, die Begegnungsorte geistlichen Lebens und die Gemeinschaften, in denen Menschen zu Exerzitien aufgenommen werden, stellen das alle Tage fest.

Die Zukunft unserer Pfarreien

Das ist auch die Zukunft der Pfarrei. Die regelmäßige Beichte schlägt den Feind in die Flucht, diesen hauptsächlichen Widersacher der christlichen Gemeinschaft. Ebenso ist es bei einem Ehepaar, das häufig zur Beichte geht; es ist vor vielen Schwierigkeiten und Enttäuschungen geschützt. Dieses Sakrament ist für die Ehegatten sozusagen der Blitzableiter ihrer für das ganze Leben versprochenen Treue. Der Laienstand wird erst dann dem Evangelium entsprechend leben und missionarisch sein, wenn er zu einem tiefen geistlichen Leben zurückkehrt und demnach auch zu diesem Sakrament, das für ihn unentbehrlich ist.

Die Gemeinschaften und die Pfarreien, die eifrig das Bußsakrament empfangen, werden in der Liebe zu Gott sehr schnell Fortschritte machen. Das ganz persönliche Vorgehen bleibt dabei wesentlich, aber es wird ermutigt durch den Hirten der Gemeinschaft oder den Pfarrer der Pfarrei, der für die ihm Anvertrauten Sorge trägt. Der Hirte hat die Aufgabe, zu ermahnen und an die Notwendigkeit des Sakraments zu erinnern. Die Gläubigen müssen einander ebenfalls im Gebet mittragen und sich schließlich auch mit aller Diskretion einander dazu ermutigen.

> Ein Zeugnis dafür ist jenes junge Mädchen, das da in der Reihe stand, wo jeder geduldig darauf wartete, das Sakrament zu empfangen. Schließlich kommt sie an die Reihe: «Herr Pfarrer, ich bin noch niemals zur Beichte gegangen. Bitte sagen Sie mir, wie ich es tun soll.» «Du kennst doch deine Gebete, das Vaterunser, das Gegrüßet seist du, Maria, und du bist doch schon zur heiligen Kommunion gegangen?» «Ja, Herr Pfarrer, aber ich habe niemals bei einem Priester gebeichtet.»
> Das, was sie dann gebeichtet hat, bleibt das Geheimnis Gottes und des Priesters. Es war aber nötig, von einem Fall wie diesem zu sprechen, um darauf hinzuweisen, woher diese Gnade gekommen ist. Die Gemeinschaft, zu der sie gekommen war, um mit ihr das Gebet der Vesper zu singen, blieb noch länger im Gebet, und beim Gotteslob war ihr Herz berührt worden. Dies ist es, die Gemeinschaft der Heiligen. Und sie hatte zu ihrem Verlobten gesagt, welcher «praktizierender» war als sie: «Ich würde gern zur Beichte gehen, und ich will

es auch tun, aber ich weiß nicht, wie man das macht.» Der Herr aber, er weiß, wie man beichten soll, und er hat nicht viel Zeit gebraucht, um es ihr durch den Mund des Priesters zu erklären. Dieser aber konnte einmal mehr feststellen, wie eine weitere Seele zu Gott gelangte, zu ihm getragen durch die Kraft des Lobgesanges eines Volkes, das zusammengekommen war, um die Wundertaten des Herrn zu verkünden. Nötig war aber auch die Verfügbarkeit eines Priesters, der ihr die Gnade des Sakramentes spendete, um diesen schönen Abend zu krönen, den sie wohl stets im Gedächtnis behalten wird.

Ein intensives geistliches Leben für die gläubigen Laien

Wir leben in einer wundervollen Zeit, in der die Kirche alles das wiederfindet, was in den Bereich der Gnade fällt, nachdem sie es vorher zwar nicht verloren, aber doch vergessen oder vernachlässigt hatte, und zwar aus Mangel an Glauben —, man muß es ehrlich zugeben. Der Kardinal Thiandoum, Berichterstatter der Synode für die Laien, sagte dort zum Abschluß:

> «Ohne ein intensives geistliches Leben fehlt den gläubigen Laien die notwendige Nahrung, um ihre Berufung und ihre Sendung in der Kirche zu erfüllen. Der konkrete Platz, den sie in den verschiedenen Bereichen des Lebens in der Welt einnehmen, zeigt die dringende Notwendigkeit eines auf Christus bezogenen geistlichen Lebens, das im besonderen auch auf das Mysterium der Inkarnation hingeordnet ist und das häufig

durch die Eucharistie und das Sakrament der Versöhnung gestärkt wird.»[47]

Im Jahre 1975 beendete Papst Paul VI. sein Apostolisches Rundschreiben über die Evangelisierung der modernen Welt mit den Worten:

> «Bewahren wir die Glut des Heiligen Geistes, ja, bewahren wir die sanfte und tröstende Freude, das Evangelium zu verkünden, selbst wenn es mit Tränen gesät werden muß…, möge es die große Freude unseres hingegebenen Lebens sein.»[48]

Das Sakrament der Versöhnung ist die Kraft der Kirche, deren Glieder es zusammenführt: «*Bemüht euch, die Einheit des Geistes zu wahren durch den Frieden, der euch zusammenhält*» (Eph 4,3). Und wenn ein Fehler begangen wurde, hören wir dann auf das, was der Heilige Geist der Kirche von Laodizea sagt: «*Mach also ernst und kehr um*» (Apk 3,19). Es gibt ja in der Tat keine Reue ohne Eifer.

Der «*Eifer des Geistes*» (Röm 12,11), von dem Paulus spricht, ist der Schlüssel zu diesem großen Sakrament, das in der Kirche und für sie gelebt wird. Es ist zunächst persönlich, sodann auch die Gemeinschaft betreffend, schließlich auch missionarisch. Es hat seine Quelle in der göttlichen Barmherzigkeit, die in der Sammlung empfangen wird.

> Du hast die Freude, der Kirche Christi anzugehören: das ist kein Stolz und kein kollektiver Triumphalismus. Die Kirche ist die Braut Christi. Du

47 *Documentation catholique,* S. 1040, Nr. 1950, 15. Nov. 1987.
48 Apostolisches Rundschreiben *Evangelii Nuntiandi,* Nr. 80.

willst sie schön, und das ist ganz für die Herrlichkeit des Bräutigams. Du bist auf dieser Erde, um für die Ehre Gottes zu wirken.

Es ist nicht deine Unfähigkeit, eine so große Aufgabe zu erfüllen, die dir Angst bereiten könnte, sondern die Sünde, die dich daran hindert, und von der du dich trennen mußt. Jedesmal, wenn du zur Beichte gehst, widersagst du der Sünde und bereust sie. Jesus vergibt dir und macht seine Kirche ein wenig schöner. «Ein Heiliger, der sich selbst erhebt, erhebt die Welt.»

Jedesmal, wenn du zur Beichte gehst, ist es also eine Zunahme des Lebens für die ganze Kirche. Durch die Sakramente gestärkt, unter ihnen das, was du gerade empfangen hast, wird diese Zunahme wirksam werden können, die Welt zu bekehren, selbst wenn das Sakrament in der größten Verborgenheit empfangen worden ist.

Von einer Beichte zur anderen wirst du mehr und mehr dich Jesus nähern, und das ist die hauptsächliche Gnade, die nötig war, um einen guten Evangeliumsverkünder zu formen, der durch seine Taten wie durch seine Worte für Jesus Zeugnis gibt.

3. Für das Heil der Welt

Durch das Sakrament der Versöhnung reinigt Jesus seine Braut, die Kirche, die er ganz schön machen will. Gewiß, es geschieht darum, daß sie die Freude ihres Bräutigams, ihres Vielgeliebten, werde, aber es ist auch dafür, daß sie die Sendung erfüllen kann, die ihr anvertraut worden ist. Und so ist sie ganz und gar der Verkündigung des Evangeliums zugewandt. Das ist nicht ihr eigenes Wirken, sondern das des Heiligen Geistes. In ihm und durch ihn vollbringt Jesus sein Wirken in der Welt, und die Welt muß von der Sünde, von allem Übel und vom Tod errettet werden. Das ist nicht anders möglich als durch die Reinigung, die Vergebung und die Versöhnung, und die Kirche hat dafür die Verantwortung erhalten.

Die Kirche im Dienst an der Welt

Dafür existiert sie und organisiert sie sich. Sie darf daher nicht den Vorwurf fürchten, den die Ungläubigen ihr machen, ihre eigene, auch sichtbare Aktivität zu haben für das Heil der Welt. Sie muß demütig bleiben, aber sie darf niemals schüchtern sein. Im Gegenteil, sie hat die Pflicht, Zeugnis zu geben und darüber zu belehren, woher die wahre Liebe kommt, wie sie auszuüben ist und wie man sie wiederfinden kann, wenn sie verlorengegangen ist.

Das Zweite Vatikanische Konzil hat betont, wie die Kirche mitten in dieser Welt die Dienerin sein muß, aber für einen ganz bestimmten Dienst, über den es keine Diskussion gibt: die Welt zu retten.

> «Dabei bestimmt die Kirche kein irdischer Machtwille, sondern nur dies eine: Unter Führung des Geistes, des Trösters, das Werk Christi selbst weiterzuführen, der in die Welt kam, um der Wahrheit Zeugnis zu geben; zu retten, nicht zu richten; zu dienen, nicht sich bedienen zu lassen.»[49]

Die Kirche ist missionarisch. Das ist keine unbestimmte oder allgemeine Formel, auch nicht lediglich ein Gefühl, das im Herzen der Christen leben soll. Es ist vielmehr eine tiefe Überzeugung, die das Leben aller Glieder der Kirche ohne Ausnahme ergreifen muß, ganz gleich, welches ihre Berufung und ihr Dienst ist, welches ihre Talente oder ihre Charismen sind. Die größte Gnade für einen Getauften ist die, von Jesus gerettet worden zu sein, der sie mit der Liebe des Vaters wieder versöhnt hat, und diese Gnade wird nicht aufhören, bis alle Brüder zu dem gleichen Glück gelangt sind, dem Glück eines Herzens, dem vergeben wurde und das versöhnt worden ist. Wie der heilige Judas Thaddäus es uns sagt, besteht das Wesentliche darin, daß wir alle *«auf das Erbarmen Jesu Christi, unseres Herrn, warten, der euch das ewige Leben schenkt»* (Jud 21).

Der Durst nach Seelen im Herzen aller Getauften

Mit anderen Worten, jeder Getaufte, der in die Gnade der Versöhnung eintritt, rettet seine Seele, aber unmittelbar danach öffnet Gott dessen Herz für die ganze Welt und läßt ihn erkennen, daß auch die anderen für das ewige Glück geschaffen worden sind.

Es ist also das Verlangen nach Seelen, das im Herzen des eifrigen Christen entsteht. Hieraus erwachsen die missionarischen Berufungen. Das apostolische Leben ist eng mit dem Sakrament der Versöhnung verbunden; anderenfalls existiert es nicht. Solch ein hingegebenes Leben kann sehr großmütig sein, aber ist es wirklich geeignet, das Evangelium zu verkünden? Empfange ich regelmäßig dieses Sakrament, zu dem Jesus mich einlädt? Ist mein Leben aposto-

---

49 *Gaudium et Spes,* Nr. 3, § 2.

lisch? Besteht das Ziel meines Lebens darin, die Seelen zum Heile zu führen? «*Und alle wurden gläubig, die für ewige Leben bestimmt waren*» (Apg 13,48).

Wenn der Mensch mit Gott versöhnt ist, dann ist es immer sowohl im Hinblick auf den gegenwärtigen Augenblick wie auch für das Leben in der Ewigkeit. Der Herr lädt uns ein und verlockt uns dazu: «*Du zeigst mir den Pfad zum Leben. Vor deinem Angesicht herrscht Freude in Fülle, zu deiner Rechten Wonne für alle Zeit*» (Ps 16,11).

Auf dieser Erde leben wir zunächst aus dem Leben Christi. Durch die Versöhnung mit ihm schenkt er es uns und schenkt es uns immer aufs neue. Bereits hier auf der Erde ist für uns alles umgewandelt, für uns, die wir auf Gott unsere Hoffnung setzen:

> «*Ihr seid mit Christus auferweckt; darum strebt nach dem, was im Himmel ist, wo Christus zur Rechten Gottes sitzt. Richtet euren Sinn auf das Himmlische und nicht auf das Irdische*» (Kol 3,1-2).

Wenn wir daher nicht vollständig mit dem Herzen des Herrn, unseres Vielgeliebten, übereinstimmen, wollen wir schnell hingehen, um uns mit ihm zu versöhnen. Wenn dann der erste Bruder, dem wir begegnen, ebenfalls diese Versöhnung braucht, dann wollen wir für ihn beten und etwas für ihn tun. Er soll nicht in diesem Zustand verbleiben, Gott will das nicht. Und das ist die Verkündigung des Evangeliums. «*Wer kommt zu Fall, ohne daß ich von Sorge verzehrt werde?*» (2 Kor 11,29), bekennt der heilige Paulus. Mit Jesus müssen wir immer die Sünde hassen, vor allem aber den Sünder lieben. Deshalb müssen wir beten, aber auch handeln und ihm gegenüber die Liebe üben.

So sind wir weit davon entfernt, über ihn zu richten, denn wir sehen, daß wir noch größere Sünder sind als er und daß wir unser eigenes Heil wirken zur gleichen Zeit wie das seinige, *«denn die Liebe deckt viele Sünden zu»* (1 Petr 4,8).

Mission, Verkündigung des Evangeliums und Berufung

Die heilige Theresia vom Kinde Jesus, die Patronin der Missionen, belehrt uns über diesen Durst nach Seelen, um den ihr ganzes, dem Herrn geweihtes Leben kreist. Nach ihrer Rückkehr von der Pilgerfahrt nach Rom, wohin sie sich mit vierzehn Jahren begeben hatte, um sich dem Heiligen Vater zu Füßen zu werfen und ihn um die Erlaubnis zu bitten, in den Karmel eintreten zu dürfen, zieht sie folgende Schlußfolgerung aus der Erinnerung an die Schönheit der Reise:

> «Mein Herz hatte die Schönheit der Erde betrachtet, aber nach den Schönheiten des Himmels ging mein Verlangen, und um diese den Seelen zu schenken, wollte ich eine Gefangene werden!»[50]

Fünf Monate danach tritt sie ins Kloster ein, und später schreibt sie:

> «Wozu ich in den Karmel gekommen bin, das habe ich zu Füßen Jesu in der Hostie ihm erklärt, als die Prüfung stattfand, die meiner Profeß voranging. Ich bin gekommen, um die Seelen zu retten und besonders, um für die Priester zu beten.»[51]

---

50 Manuscrits Autobiographiques, S. 167.
51 ibd. S.174.

Als Ordensfrau wird sie nun in diesem Durst nach Seelen leben um sich damit sehr stark dem Priesterberuf nähern. Damit erinnert sie die Priester an ihre Sendung, die darin besteht, das Wort Gottes zu verkünden und die Sakramente zu spenden, ganz besonders jenes, das denjenigen Seelen zu Hilfe kommt, die sich in Gefahr befinden:

> «Ich fühle in mir die Berufung des Priesters. Mit welcher Liebe würde ich dich in meinen Händen tragen, wenn du auf meine Worte hin vom Himmel herabsteigen würdest. Mit welcher Liebe, o Jesus, würde ich dich den Seelen schenken!»[52]

Es ist nicht erforderlich, Priester oder Ordensfrau zu sein, um diese geistliche Gnade zu leben; alle Christen, die die Erfahrung der Freude des Heils gemacht haben, können von diesem gleichen Durst nach Seelen verzehrt werden.

Für die Bekehrung der Sünder Fürsprache einzulegen und zu beten, das ist keine Angelegenheit einer vergangenen Zeit. Es ist allerdings hier keine Rede davon, einige Seiten aus den Andachtsbüchern unserer Großmütter aus der Vergessenheit herauszuholen, sondern dem Evangelium, der Lehre der Kirche und der Heiligen zu folgen. Wir müssen oft im persönlichen Gebet und in aller Demut zu dieser Fürsprache für das Heil der Welt zurückkehren. Warum sollten wir uns nicht jenes Leitwort des Eucharistischen Kreuzzuges vor fünfzig Jahren zu eigen machen: «Bete, empfange die heilige Kommunion, opfere dich, sei Apostel.» Zusätzlich zu der Sehnsucht nach der Vereini-

52 ibd. S. 224.

gung mit Gott hat dieses Leitwort zahlreiche Berufungen geweckt.

«*Wer die Wahrheit tut, kommt zum Leben*» (Joh 3,21). Nichts Besseres gibt es als die Beichte, um klar zu sehen, nicht nur in sich selbst, sondern auch in den Herzen der anderen. Damit werden wir noch stärker das Licht Christi ausstrahlen, um Zeugnis zu geben. Und das Wort, das uns von Jesus anvertraut worden ist, wird dann ganz anders von denen aufgenommen, die es zu hören verlangten.

Du kämpfst gegen die Sünde, und die Kirche gewinnt dadurch an Schönheit. Du wächst an Heiligkeit, und das ist der Weg des guten Missionars: Papst Johannes Paul II. sagt es uns immer wieder, indem er uns zu einem neuen, glühenden Verlangen nach Heiligkeit einlädt: «Der erneuerte Elan für die Missionen "ad gentes" (für die Heiden) verlangt nach heiligen Missionaren. Es genügt nicht, die Methoden der Seelsorge zu erneuern, auch nicht, für eine bessere Organisation zu sorgen und die Kräfte der Kirche besser zu koordinieren, auch nicht, mit größerer Genauigkeit die biblischen und theologischen Grundlagen des Glaubens zu untersuchen; erforderlich ist vielmehr ein neuer Elan der Heiligkeit bei den Missionaren und der ganzen christlichen Gemeinschaft...»[53]

Du aber, der du diesen Ruf nach der Verkündigung des Evangeliums und nach der Heiligkeit empfangen hast, schließe dich jenen Gemeinschaften an,

53 Enzyklika: *Die Sendung des Erlösers,* 1990, Nr. 90.

die daraus das hauptsächliche Ziel ihres Lebens gemacht haben. Höre nicht auf die Vorstellungen des lügnerischen Teufels, der dich glauben machen will, daß du damit Gefahr läufst, dich von der übrigen Welt zu trennen. Die Wahrheit ist ganz anders: Je mehr man sich um die Heiligkeit bemüht, je mehr man danach verlangt, das Evangelium zu verkünden, sei es, daß man sein Leben in einer Gemeinschaft des Gebetes und Opfers hingibt oder sei es, daß man, indem man ebenfalls alles verläßt, auf der Suche nach dem verlorenen Schaf die Welt durcheilt. — Und wenn du bemerkt hast, daß an vielen Orten nur ein einziges getreues Schaf übriggeblieben ist und daß die neunundneunzig anderen verlorengegangen sind, dann wirst du nicht zögern, zu Jesus zu sagen: «Sende mich.»

Um ein Verkünder des Evangeliums zu sein, muß man ein Heiliger sein. Andererseits ist aber auch die Verkündigung für den, der sich ihr weiht, ein guter Weg zur Heiligkeit. Indem man gibt, empfängt man. *«Gebt, dann wird auch euch gegeben werden»* (Lk 6,38). Die wahre Sehnsucht des Herzens besteht nicht darin zu besitzen, sondern zu empfangen, um weiterzugeben.

Begib dich auf den guten Weg: Es gibt keine wahre und gute Seelsorge, die nicht missionarisch ist. Es gibt keine Evangeliumsverkündigung ohne Heiligkeit, keine Heiligkeit ohne geistliches Leben, kein geistliches Leben ohne das Sakrament der Versöhnung und kein in der rechten Weise empfangenes

Sakrament der Versöhnung, ohne daß das von Barmherzigkeit erfüllte Herz sich seinerseits zum Opfer anbietet, um das Heil all jener Seelen zu erlangen, die noch warten auf ein solches Glück.

4. Priester für dieses Sakrament

Jesus hat das Sakrament der Buße eingesetzt und es der Kirche und ihren dafür geweihten Priestern anvertraut. Das ist das Werk des Heiligen Geistes: «*Wie mich der Vater gesandt hat, so sende ich euch... Empfangt den Heiligen Geist! Wem ihr die Sünden vergebt, dem sind sie vergeben*» (Joh 20, 21-23).

Dieser Dienst ist göttlich, und er übersteigt die Fassungskraft aller Priester, welche armselige Menschen bleiben, «kleine Priester für ein großes Priestertum». Der heilige Pfarrer von Ars hat zu sagen gewagt: «Das Priestertum, das ist die Liebe des Herzens Jesu.» Und das ist wirklich der Fall, wenn der Priester die Lossprechung erteilt und dabei spricht:

«Durch das Priestertum der Kirche
gebe er Ihnen Verzeihung und Frieden.
Und ich, im Namen des Vaters, des Sohnes und des Heiligen Geistes,
ich vergebe Ihnen alle Ihre Sünden. Amen.»

Der Priester empfängt alles von Gott

Vor seinem Leiden setzte Jesus die heilige Eucharistie ein. Nach seiner Auferstehung erteilte er die Vollmacht, die Sünden zu vergeben. Durch die apostolische Nachfolge geben die Apostel diese Vollmacht an ihre Nachfolger, die Bischöfe, weiter, und die Bischöfe den Priestern.

Wie beim Sakrament der Eucharistie, so spricht und handelt der Priester auch hier «in der Person Christi». Im Gegensatz zu anderen Sakramenten ist es unbedingt notwendig, Priester zu sein, um es zu spenden; dies zeigt die enge Verbindung auf, die zwischen dem Priestertum und dem Bußsakrament besteht. Infolge der Vernachlässigung dieses letzteren beginnen die Berufungen zum Priestertum zu fehlen, zumindest in unserem westlichen Europa.

Wir leben in der Hoffnung, daß diese beiden Sakramente wieder stärker beachtet und mehr empfangen werden. Der Priester muß eine hohe Wertschätzung für das Sakrament der Versöhnung haben und soll glücklich sein, den Gläubigen zu Hilfe zu kommen, indem er es spendet. Die Christen sollen eine große Hochachtung für das Priestertum haben und, wie es in der Umgebung Jesu geschah, als er dem Gelähmten seine Sünden vergeben hatte: «*Gott preisen, der den Menschen solche Vollmacht gegeben hat*» (Mt 9,8).

Der Priester hat am Tage seiner Priesterweihe den Heiligen Geist empfangen, und von ihm empfängt er nicht nur den Glauben und den Eifer, sondern auch alle notwendigen Charismen, damit das Priestertum, das er empfangen hat, durch den Herrn selbst alle verheißenen Früchte tragen kann.

Daher soll der Priester sich vom Heiligen Geiste leiten lassen und die Charismen entgegennehmen, die es ihm ermöglichen, seinen priesterlichen Dienst fruchtbarer auszuüben. «Im Innersten der Herzen» zu lesen, das ist nicht nur für den Pfarrer von Ars reserviert gewesen. Wieviele Priester haben diese Gabe! Sie müssen aber auch über die

Worte verfügen, welche den Glauben und die Hoffnung stärken, einen Zuspruch geben, der den Wunsch nach Bekehrung bewirkt, über Worte der augenblicklichen Erkenntnis verfügen und die Charismen der Heilung und des Mitleids besitzen. Vor allem aber sollten sie eine große Verfügbarkeit haben. «Der Priester ist ein Mensch, der sich ganz verzehren läßt», sagte der selige P. Antonius Chevrier, der Gründer des Prado.

Eine demütige Vaterschaft

Der Priester wird niemals ein «Funktionär» sein, welcher Absolutionen austeilt. Während seiner langen Ausbildung hat er sich informiert und die Unterscheidung der Geister gelernt, während er zugleich an seiner persönlichen Heiligung arbeitete, um auf «heiligmäßige Art» die Sakramente spenden zu können.

Der Priester ist ein geistlicher Vater: es ist aber auch wahr, daß in dem Maße, wie die Christen die geistliche Vaterschaft des Priesters neu entdecken, es auch mehr Berufungen zum Priestertum geben wird. Im gegenteiligen Fall wird man sich die Frage stellen: Warum eigentlich Priester sein? Man hat oft von der Krise der Identität des Priesters gesprochen, sicherlich deshalb, weil man vergessen hat, daß er Hirte und Vater ist. Nicht zufällig hat Papst Johannes Paul II. für sein Apostolisches Rundschreiben über die Ausbildung der Priester im Jahre 1992 den Titel gewählt: «*Ich werde euch Hirten geben.*»

Die geistliche Vaterschaft des Priesters kommt für ihn daher, daß er «Hirte» ist. Und hier muß jede Unklarheit vermieden werden. Das letzte Dokument der Kongregation für den Klerus vermag uns hier sehr behilflich zu sein:

> Ein Mittel, um nicht in die «demokratistische» Versuchung zu fallen, besteht darin, eine gewisse «Klerikalisation» des Laienstandes zu vermeiden, die das Amtspriestertum des Priesters vermindern könnte. Nur er verdient — nach dem Bischof — kraft des in der Priesterweihe empfangenen priesterlichen Dienstauftrags im eigentlichen Sinne den Namen des «Hirten». Die Bezeichnung «Hirte» bezieht sich sowohl auf die *potestas docendi et sanctificandi* als auch auf die *potestas regendi* (lehren, heiligen, herrschen).
> Im übrigen sei daran erinnert, daß die wirkliche Einflußzunahme des Laienstandes nicht durch solche Tendenzen begünstigt wird, welche nämlich oft dazu führen, die authentische Berufung und die kirchliche Sendung der Laien in der Welt zu vergessen.»[54]

Beichten, das bedeutet nicht, einen Dialog zu beginnen, selbst wenn es sich um geistliche Dinge handelt. Hier geht es vielmehr darum, mit dem Herzen Gottes zu hören und den Beichtenden dazu einzuladen, im Bereich des Sakramentes zu bleiben. Der Priester kann indessen für später einen geistlichen Austausch vorschlagen, der außerhalb der Beichte stattfinden kann. Das wird auch die Gelegenheit sein, den Beichtenden zu ermahnen, einen (geistlichen) Begleiter (oder eine Begleiterin) zu suchen, falls er keinen hat. Dieser (oder diese) kann dem Laien- oder Ordensstand angehören.

Indem der Priester die Bekenntnisse anhört, wird er den Heiligen Geist bitten, ihn über jenen Punkt zu erleuchten, in welchem Jesus dem gerade bei ihm Beichtenden ganz

54 Direktorium für den Dienst und das Leben der Priester, Nr. 19, 1994.

besonders zu Hilfe kommen will. Er kann diesen dann auf den «Ausgangspunkt» hinweisen, der möglicherweise diese ganze Sündenliste verursacht hat, und ihn auf die hauptsächlichen Punkte hinweisen, auf die er in den nächsten Tagen seinen geistlichen Kampf konzentrieren muß, um noch mehr in der Liebe Gottes zu wachsen.

... der niemals den Blick auf Gott verstellen darf

Der Priester muß mitfühlend sein, unbeugsam in der Wahrheit und losgelöst von seiner eigenen Person. Sobald deshalb die Buße aufgegeben oder das Gebet der Befreiung nach der Absolution ausgesprochen worden ist, besteht einer der besten Ratschläge, der gegeben werden kann, darin, den, der soeben gebeichtet hat, zu Jesus selbst zu schicken, in eine Kirche, vor den Tabernakel, oder, besser noch, vor das ausgesetzte Allerheiligste. Die Zeugnisse über die bei solchen Gelegenheiten empfangenen Gnaden sind sehr zahlreich: Der Priester ist ganz zurückgetreten, und es ist das Verweilen bei Jesus, Herz zu Herz, welches Wunder vollbracht hat. Es war aber notwendig, vorher zur Beichte zu gehen und also dem Priester zu begegnen.

> So war es bei einem Ehepaar, welches Schwierigkeiten hatte, sich im Eheleben zu verstehen, und das sich nach einer guten Beichte in der folgenden Nacht bei der Anbetung vor dem Allerheiligsten wiedergefunden hatte. Der Friede kam in ihre Herzen und ihre Seelen zurück und schließlich auch in ihre Körper. Die Gnade der Versöhnung hatte auf dem Wege über das empfangene Sakrament stattgefunden. In dieser Erhörung hatte es aber nichts Magisches gegeben. Weil sie hingegangen waren, um an der Quelle der Barmherzigkeit zu

trinken, welche in Gott ist, wurde es ihnen möglich, diese Barmherzigkeit miteinander auszutauschen, nachdem sie es dem Herrn ermöglicht hatten, die seinige im Überfluß zu schenken: *«Du hast mich vom Tod errettet. Du hast meinen Leib vor dem Grab bewahrt..., in deiner großen Huld hast du mir geholfen»* (Sir 51,2-3).

Niemand kann sich die Zahl der Versöhnungen vorstellen, die zwischen Eheleuten erlangt worden sind als Folge der Versöhnung, die jeder mit dem Herrn hatte stattfinden lassen.

Oft öffnet sich im Sakrament der Versöhnung die Tür zuerst nur ein wenig, und im Alleinsein mit Jesus vor dem Allerheiligsten vermag der Sünder dann diesen zweiten Schritt zu tun. Dort öffnet er ganz weit die Tür seines Herzens für die göttliche Barmherzigkeit. Es ist, als ob dieses Sakrament sich in der Anbetung vollendete. Daher ist es wichtig, dieses Sakrament in einer Kirche zu empfangen oder sich anschließend dorthin zu begeben. Dort sind die Früchte am schönsten und am leichtesten wahrnehmbar.

Dafür braucht es eifrige Priester

Wir werden uns hier des ganzen glühenden Eifers bewußt, der erforderlich ist, um dieses Sakrament zu leben. Zunächst einmal wird dieser Eifer vom Priester verlangt. Er muß in seinem Herzen dieses Wort Jesu meditieren, der vor Liebe brannte in seinem glühenden Verlangen, um für die Sünder, die wir sind, bis zum Opfer seines Lebens zu gehen: *«Ich bin gekommen, um Feuer auf die Erde zu werfen. Wie froh wäre ich, es würde schon brennen!»* (Lk 12,49). Dieses Feuer ist es, das Jesus in den kältesten Sünderherzen entzünden möchte, um seine größten Sünden in ein kleines Strohfeuer zu verwandeln, denn *«unser Gott ist ein verzehrendes Feuer»* (Hebr 12,29).

Mutter Teresa, die vom Heiligen Vater eingeladen worden war, zu den sechstausend im Vatikan versammelten Priestern zu sprechen, die sich dort zu den ersten weltweiten Priesterexerzitien eingefunden hatten, sagte zu ihnen: «Jesus muß die Möglichkeit haben, sich Ihrer bedienen zu können, ohne vorher Ihre Meinung dazu einholen zu müssen: Sie gehören ihm. Sie sind sein Eigentum, Sie gehören ausschließlich ihm...»[55]

Es ist unmöglich für dich, eine gute Beichte abzulegen, wenn du nicht weißt, was ein Priester ist. Eine Familienmutter sagte: «In den Predigten spricht man über alle Sakramente zu uns, dort werden wir über vieles belehrt; aber was das Priestertum oder das Diakonat betrifft, da sieht es so aus, als ob da nur für diejenigen gesprochen wird, die dazu bestimmt sind. Wenn man aber zu uns nicht darüber spricht, wie können wir uns dann an sie wenden? Wie können dann unsere jungen Leute auch nur daran denken oder es werden?» Das war nicht vollkommen falsch. Auch die Frauen müssen wissen, was es um das Priestertum ist, um ihren Priester besser zu verstehen und um besser für die Seminaristen zu beten.

Wenn du den heiligen Pfarrer von Ars hörst, dann wirst du bemerken, daß seine Lehre ganz einfach und präzise ist:

55 Mutter Teresa, 7.-9. Oktober 1984.

«Was ist das, ein Priester? Ein Mensch, der die Stelle Gottes vertritt, ein Mensch, der mit allen Vollmachten Gottes ausgestattet ist.
Wenn ein Priester die Sünden nachläßt, dann sagt er nicht: "Gott verzeiht Ihnen", sondern "Ich spreche Sie los."
Wenn Sie zur Gottesmutter oder zu einem Engel zur Beichte gingen, würden diese Sie dann lossprechen? Nein..., und wenn sogar zweihundert Engel zur Stelle wären, sie könnten Sie nicht lossprechen. Ein Priester aber, so einfach wie er auch sei, der kann es. Er kann zu Ihnen sagen: "Gehen Sie hin in Frieden: Ich verzeihe Ihnen..."
Ohne den Priester würde der Tod und das Leiden unseres Herrn zu nichts dienen.»[56]

In diesen beiden Sakramenten der Eucharistie und der Buße, die unerläßlich für das Leben eines jeden Christen sind, versteht man, welchen Platz der Herr dem Priesterstand in seiner Kirche hat geben wollen.

«Eucharistie, Buße und Priestertum», das alles bildet eine Einheit. Wenn man eines dieser drei in seiner Bedeutung herabsetzt, werden auch die beiden anderen davon betroffen, und die Gesamtheit leidet darunter. Die Verfolger wissen das, und daher greifen sie das Priestertum an. Auch die versteckten Feinde der Kirche wissen es, denn sie haben unter dem christlichen Volk lügnerische Lehren verbrei-

56 J. Frossard, *Pensées choisies,* Téqui, Seiten 93-94.

tet, indem sie ihm sagten, es genüge, gläubig zu sein, und es stehe im freien Belieben, auch praktizierend zu sein (nämlich die Eucharistie zu empfangen).

Um diese drei Sakramente in der rechten Weise leben zu können, ist oft ein neuer Glaubensakt erforderlich. Das braucht uns nicht zu erstaunen, das ist ganz normal. In der Eucharistie wie auch in der Buße ist ein zweifacher Glaubensakt nötig, nämlich an Gott und an das Priesteramt des Priesters. Hier versteht man die Schwere gewisser Irrtümer, wie zum Beispiel zu versuchen, den Mangel an Priestern zu rechtfertigen. Hier wird der Priesterstand angegriffen und damit die Sakramente der Eucharistie und der Buße.

Binde dich daher mit ganzem Herzen an diese drei großen Sakramente.

Die neue Evangeliumsverkündigung benötigt dringend zahlreiche und heilige Priester, das ist offensichtlich, denn die erste Handlung, zu der der Bekehrte sich entschließt, besteht darin, zur Beichte zu gehen.

Ein Laie kann das Herz eines Heiden anrühren und ihn bekehren. Die Gnade aber kann nur durch die Priester zur Vollendung kommen, und diese müssen in ausreichender Zahl vorhanden sein. Jetzt aber, am Ende dieses 20. Jahrhunderts, fehlen sie, und sie fehlen in großer Zahl.

Bete oft für die Priester. Sie brauchen sehr das Gebet. Es ist für sie nicht immer leicht, die Sakramente zu spenden, besonders das der Versöhnung. Es stimmt schon, daß gewisse Orte dafür nicht günstig sind.

Bete auch um Berufungen zum Priesterstand. Vergiß auch niemals, daß ein Knabe oder ein junger Mann das Recht haben, für sich selbst zu beten, indem sie sprechen: «Herr, wenn du es willst, gib mir ein Zeichen.»

5. Über die Verzeihung hinaus: die Versöhnung

An die immer mögliche Versöhnung zu glauben, das bedeutet, an die Gnade zu glauben, die Gott in uns wirken läßt. Es genügt nicht zu lieben, man muß auch an die Liebe glauben, ja, es ist nötig, aus ganzem Herzen an die **Liebe** zu glauben, jeden Tag das **Wunder** der **Versöhnung** zu leben. Dafür braucht es *einen Glauben, der Berge versetzen kann.*

Den Weg des Glaubens nehmen

Zunächst einmal müssen alle Getauften an dieses Sakrament glauben: das wird die wiedergefundene Einheit der Kirche sein und die Grundlage, um den Frieden in der Welt zu verwirklichen.

An die göttliche Barmherzigkeit glauben und diesen Glauben ernsthaft in die Tat umsetzen, welche Erschütterung wird das sein in den Herzen und welche radikale

Umwandlung, die damit in die ganze Welt getragen wird! Man muß jedoch zunächst mit Entschlossenheit sich von dem lossagen, was manchmal in der Gruppenpsychologie gelehrt wird, nämlich, daß man gemeinsam lernen muß, «mit Konflikten umzugehen». In einem solchen Vorgehen ist keinerlei Hoffnung mehr. Es widerspricht dem Evangelium, welches verlangt, an die Gnade zu glauben, welche Gott gewährt, um zur Versöhnung zu gelangen. Es ist also ein falscher Weg für einen Christen, an solchen Sitzungen teilzunehmen, wo man nicht mehr glaubt, daß das, *«was für Menschen unmöglich ist, für Gott möglich ist»* (Lk 18,27).

Das Sakrament der Versöhnung soll den Eifer in der Kirche neu beleben. Es ist die erste Handlung des Bekehrten. Es ist der Elan der erneuerten Liebe aller Getauften, welche zu ihrem Herrn zurückkehren. In seiner Barmherzigkeit will Gott unsere Welt retten, die ja in so großer Aggressivität lebt. Dazu braucht er Zeugen seiner Barmherzigkeit.

Die Welt wartet auf dieses Zeugnis. «Evangelisieren» ist nichts anderes, als die Liebe des Vaters und seine Barmherzigkeit allen seinen Kindern zu predigen. *«Kehrt um, und glaubt an das Evangelium»* (Mk 1,15).

Ist es logischerweise möglich, Christ zu sein, ohne an die Versöhnung mit unseren Brüdern zu glauben? Ganz gewiß nicht, und Jesus sagt es uns: *«Liebt eure Feinde und betet für die, die euch verfolgen»* (Mt 5,44).

Das Credo, welches uns den «Nachlaß der Sünden» lehrt, weist uns auf das Herzstück unseres Glaubens hin, und das Gebot Jesu, einander zu lieben, läßt es uns praktizieren. Jeder Mensch trägt in seinem Inneren ein vitales Bedürfnis nach Gemeinschaft. Die Sünde verletzt diese

Gemeinschaft und kann sie sogar zerbrechen. Die erbetene und gewährte Verzeihung ermöglicht es, sie wiederherzustellen.

Die ausgeübte Barmherzigkeit kann aber auf halbem Wege stehenbleiben: Die gegenseitig gewährte Verzeihung führt nicht automatisch zu einem vollständigen Wiederfinden. Es muß noch weiter gegangen werden, damit der Plan der Liebe Gottes für die Menschen wiederhergestellt werden kann. Um bis ans Ende des Weges zu gehen und es der Liebe zu ermöglichen, sowohl auf der einen wie auf der anderen Seite neu aufzuleben, muß der Verzeihung noch die **Versöhnung** hinzugefügt werden.

Der unverzichtbare Oekumenismus

Dies ist der Einsatz: Sind wir fähig, den Weg der Barmherzigkeit bis zum Ende zu gehen, wie sie im Herzen Gottes existiert? Die synoptischen Evangelien sagen es uns auf einander ergänzende Weise, das eine: «*Ihr sollt also vollkommen sein, wie es auch euer himmlischer Vater ist*» (Mt 5,48), und das andere, in der gleichen Belehrung: «*Seid barmherzig, wie es auch euer Vater ist*» (Lk 6,36). Das will besagen, daß unser Gott vollkommen an Barmherzigkeit ist; denn seine Barmherzigkeit ist «unendlich». Jesus verlangt von uns, in allem den Vater nachzuahmen und deshalb nicht mitten auf dem Wege stehenzubleiben, sondern bis zum Ziel der Heiligkeit zu gehen und die Versöhnung zu praktizieren.

> «*Ahmt Gott nach als seine geliebten Kinder, und liebt einander, weil auch Christus uns geliebt hat*» (Eph 5,1-2).
> «*Liebt einander, so wie ich euch geliebt habe*» (Joh 15,12).

Am Ende dieses 20. Jahrhunderts gibt es noch viele Fortschritte zu verwirklichen, sowohl im Leben der Kirche wie auch im gegenseitigen Verstehen der Menschen in der Welt. Unser Papst Johannes Paul II. wünscht in seinem Apostolischen Schreiben: *«Für das Jubiläum des Jahres 2000»,* daß wir für alle Versöhnungen beten, besonders für die aller Christen untereinander, und er fordert uns dazu auf:

> «Eines der glühendsten Gebete in dieser außerordentlichen Zeit, in der wir uns dem neuen Jahrtausend nähern, ist jenes, durch das die Kirche den Herrn bittet, daß die Annäherung aller Christen der verschiedenen Konfessionen wachse, bis sie zur vollkommenen Einheit gelangt. Ich spreche den Wunsch aus, daß das Jubiläum eine gute Gelegenheit werde, um wirksam daran mitzuarbeiten, daß all das, was uns vereint und was ganz gewiß bedeutender ist als das, was uns trennt, gemeinschaftlich zusammengetragen werde».[57]

Das Ehepaar und die Familie gerettet

Ist es nicht ein Wunder, das wir vom Herrn erbitten?

So scheint es zum Beispiel häufig vorzukommen, daß Eheleute, die, nachdem sie sich getrennt hatten, einander wahrhaft verzeihen. Trotz der gewährten Verzeihung jedoch lehnen sie es ab, sich in der Treue wiederzufinden. Sie lehnen also die Versöhnung ab, oder sie sind unfähig dazu, zumindest für eine Zeitlang, und in diesem Falle ist es oft so, daß sie die Hilfe Gottes nicht annehmen.

---

57 Apostolisches Schreiben: *Für das Jubiläum des Jahres 2000,* Nr. 16.

Die Versöhnung ist nämlich die Frucht der Zusammenarbeit der von Gott geschenkten Gnade und des guten Willens beider Seiten. Und es ist jedesmal Gott, der als erster den Bund aufs neue schließt mit dem Menschen und mit seinem Volk. Das ganze Alte Testament ist Zeuge davon.

Der Schlüssel zu einer festgefügten Ehe und zum wiedergefundenen Familienglück liegt also — jenseits der Verzeihung — in der Versöhnung. Und hier ist das Zeugnis einer christlichen Familie, die sich auf dem Weg zur Versöhnung befand:

> Auf einem Gebets-Wochenende wurde ein Wort plötzlicher Erkenntnis ausgesprochen: «Es befindet sich hier eine Familie, deren Mitglieder einander seit mehreren Jahren nicht mehr verstehen. Sie wissen voneinander nicht, daß sie sich hier in der gleichen Gebetsversammlung befinden. An der Tür beim Ausgang werden sie sich treffen. Der Herr berührt ihr Herz; sie werden sich versöhnen können.» Um es genau zu sagen, die Mitglieder dieser christlichen Familie hatten sich getrennt. Beide Seiten hatten einander vergeben können, in ihrem Herzen und vor Gott. Es fehlte bei ihrem Vorgehen aber noch die Versöhnung. Das geschah dann auch, wie das Wort der Prophezeiung es ihnen verheißen hatte.

Ebenso ist es mit dem Sakrament der Buße. Wir bitten Gott um Verzeihung, und Gott gewährt uns, um was wir ihn bitten. Der Mensch findet aber die vollständige Gemeinschaft mit Gott nur in einem zusätzlichen Schritt der Versöhnung.

Die vollständige Verzeihung in der Versöhnung

In der zweiten Hälfte des 20. Jahrhunderts ist die Versöhnung vergessen und verdunkelt worden, man hielt sie für fakultativ und erklärte sie sogar für unmöglich. Und die Ergebnisse sind da: vor vierzig Jahren hielt man das Sakrament der Verzeihung für überholt und vor zwanzig Jahren das Sakrament der Ehe. Und was geschieht? Die Kriege werden immer mörderischer. Infolge des Klassenkampfes findet jetzt sogar Krieg statt innerhalb der Nationen selbst. Eine fanatische und mörderische starre Haltung entfesselt sich, ein Völkermord folgt dem anderen, während man doch einen Augenblick lang glauben konnte, daß es seit den Vernichtungslagern der Nazis mit all diesen Schrecken zu Ende sei. Mehr als je zuvor hat unsere Welt die Versöhnung nötig. Die Kirche hat die Pflicht, hier voranzugehen in dieser zerrissenen Welt.

Um zu dieser vollständigen Versöhnung zu gelangen, müssen wir von Gott dessen barmherziges Herz erbitten. Man muß so weit gehen können, sogar in Kauf zu nehmen, daß der andere vielleicht aufs neue damit anfangen wird, uns zu beleidigen, und man muß ihm trotzdem die Versöhnung gewähren. Der heilige Pfarrer von Ars gibt uns Hinweise zu diesem Thema, indem er uns einlädt, Gott zu betrachten:

> «Der liebe Gott weiß alle Dinge. Schon im voraus weiß er, daß ihr, nachdem ihr gebeichtet habt, aufs neue sündigen werdet, und dennoch vergibt er euch. Wie groß ist doch die Liebe unseres Gottes, der so weit geht, nicht daran zu denken, was kommen kann, sondern uns zu verzeihen.»[58]

Du, der du die Freude hast, der Kirche Christi anzugehören, dieser Heimstatt der Versöhnung für die Herzen und die Welt, vergiß nicht, daß du durch deine Taufe dazu berufen bist, in der Kirche und inmitten der Menschheit die Versöhnung zu leben:

— auf der Ebene der Sakramente: die persönliche Versöhnung mit Gott in der Beichte; das ist ganz wichtig;
— auf der geschwisterlichen Ebene: «*Wenn du deine Opfergabe zum Altar bringst und dir dabei einfällt, daß dein Bruder etwas gegen dich hat, so laß deine Opfergabe dort vor dem Altar liegen, geh und versöhne dich zuerst mit deinem Bruder*» (Mt 5, 23-24);
— auf der Ebene des Ehelebens: «*Die Sonne soll über eurem Zorn nicht untergehen. Gebt dem Teufel keinen Raum!*» (Eph 4,26-27);
— auf der sozialen Ebene: durch das Teilen der materiellen Güter mit den Ärmsten und die weltweite Solidarität;
— auf der ökumenischen Ebene: «*Eine Taufe, ein Gott und Vater aller*» (Eph 4,5-6);
— auf der Ebene der Evangeliumsverkündigung: sein Leben für die Versöhnung der Menschen untereinander hinzugeben, das bedeutet, es für Christus hinzugeben. Zuerst aber muß man das Evangelium verkünden: «*Gott war es, der in Christus die Welt mit sich versöhnt hat*» (2 Kor 5,19).

58 B. Nodet, *Jean-Marie Vianney, Curé d'Ars,* S. 134.

Der Schlüssel für die Versöhnung unter den Menschen ist nämlich die Versöhnung mit Gott. Laß dich daher niemals dazu hinreißen, einseitig und ausschließlich Partei zu ergreifen. Das kann selbst mitten in der Kirche vorkommen, wo manche die sakramentale Versöhnung mit Gott für nebensächlich halten oder die Versöhnung mit ihrem Ehegefährten vernachlässigen, um ihre Zeit und ihre Kräfte ausschließlich der unter den Völkern zu erstrebenden Versöhnung zuzuwenden.

Das ist sehr zu bedauern, denn *alle* Versöhnungen sind notwendig! Die wichtigste von allen aber ist natürlich die, welche mit Gott erreicht werden muß.

Wenn du aber einmal mit Gott versöhnt bist, dann verfalle nur ja nicht der Illusion, daß damit alles getan ist. Der Herr öffnet dir das Herz für die Dimensionen der Welt: sei ein Zeugnis für die Versöhnung, koste es, was es wolle. Selbst wenn du für einen Narren gehalten wirst, verkünde überall, daß ohne die Versöhnung mit Gott die Menschen untereinander Wölfe bleiben. *«Seht, ich sende euch wie Schafe mitten unter die Wölfe»* (Mt 10,16). Werde ein Missionar mit dem heiligen Paulus: *«Wir sind also Gesandte an Christi Statt, und Gott ist es, der durch uns mahnt. Wir bitten an Christi Statt: Laßt euch mit Gott versöhnen!»* (2 Kor 5,20).

ABSCHLUSS

Die Versöhnung, Torheit der Liebe

«Ich komme, um die Völker aller Sprachen zusammenzurufen, und sie werden kommen und meine Herrlichkeit sehen» (Jes 66,18).

An das Wunder der Versöhnung zu glauben, sei es mit Gott oder sei es mit den Menschen, das kann vollkommen unmöglich scheinen oder für manche als Narrheit angesehen werden. Jesus aber wollte die **Torheit des Kreuzes** erleiden, um uns alle zu retten, uns von der Revolte, vom Haß, von der Rache und vom Tod zu erretten. *«Er hat durch das Kreuz ..., in seiner Person die Feindschaft getötet. Er kam und verkündete den Frieden»* (Eph 2,16-17). Der Sieg ist errungen. Der Friede der Herzen ist in Jesus bereits wiedergefunden. Es bleibt uns nur dies eine zu tun: diese Gnade entgegenzunehmen. Wenn wir das Verlangen haben, auf das Opfer Christi für uns «Liebe mit Liebe» zu beantworten, **dann muß auch unser Herz hierin bis zur Torheit gehen.** Wollen wir wirklich gerettet werden und unsere Brüder retten? Uns retten und nicht uns verlieren? Dann folgen wir dem heiligen Paulus: *«Das Wort vom Kreuz ist denen, die verlorengehen, Torheit; uns aber, die gerettet werden, ist es Gottes Kraft. Es heißt nämlich in der Schrift: Ich lasse die Weisheit der Weisen vergehen und die Klugheit der Klugen verschwinden»* (1 Kor 1,18-19).

Es gibt keine wahre Liebe ohne Versöhnung und ohne bis zur Torheit daran zu glauben. Das größte Drama für den Sünder besteht vielleicht nicht darin, gesündigt zu haben, sondern darin, nicht sofort das glühende Verlangen zu verspüren, sich mit seinem Gott und seinen Brüdern zu versöhnen.

Die Gnade Gottes schenkt die Versöhnung, aber man muß auch das Verlangen danach besitzen. Die Verbindung von beidem, der Gnade mit dem Verlangen, wird dann das Wunder erreichen. Es erforderte aber auch das glühende und ausdauernde Gebet der Gemeinschaft, welches diese doppelte Erhörung bewirkt: daß Gott unseren Ruf vernimmt und daß die verhärtetsten Herzen berührt werden.

Und diese Versöhnung ist das Werk des Heiligen Geistes: *«Durch den einen Geist wurden wir in der Taufe alle in einen einzigen Leib aufgenommen, Juden und Griechen, Sklaven und Freie; und alle wurden wir mit dem einen Geist getränkt»* (1 Kor 12,13).

Die Mitarbeit an der **Versöhnung ist eine unverzichtbare Aufgabe der Hirten und Missionare.** Unsere Zugehörigkeit zum mystischen Leibe Christi ist kein leeres Wort. Die von *einem* seiner Glieder bewirkte Versöhnung macht den ganzen Leib schöner. Der erste Schritt, der dazu getan werden muß, besteht immer darin, das Sakrament der Versöhnung zu empfangen, und die Beichte ist weit mehr als eine kleine diskrete Begegnung mit einem Priester: Der in diesem Sakrament enthaltene Reichtum öffnet das Herz des Getauften für all seine Brüder. Diese Versöhnung eines einzigen Beichtenden ist bereits eine Hoffnung für eine Welt, die das durch Christus erwirkte Heil entgegennehmen muß. Gott selbst hat die Zukunft der Kirche und der Welt in unsere Hände gelegt.

Wenn das Volk der Getauften den Weg zur Beichte wiedergefunden hat, dann ist auch die Kirche wieder «lebendig» geworden; die Ehe wird «wiederhergestellt», die Brüderlichkeit wiedergefunden, die Nationen miteinander versöhnt und die Welt «gerettet».

Johannes Paul II. spricht zu uns immer wieder von der Eile und der dringenden Notwendigkeit jeglicher Versöhnung. Er zeigt uns den Weg dazu auf:

> «Die Versöhnung ist notwendig geworden, weil es den Bruch der Sünde gegeben hat, von wo aus alle anderen Formen des Bruches in den Herzen der Menschen und ihrer Umgebung entstanden sind.(…)
>
> Wenn die Kirche die Frohe Botschaft der Versöhnung verkündet und vorschlägt, sie mit Hilfe der Sakramente zu verwirklichen, dann übt sie eine wahrhaft prophetische Aufgabe aus: sie weist auf die Übel der Menschen in ihrer getrübten Quelle hin, sie zeigt die Wurzel der Entzweiungen auf, und sie weckt die Hoffnung, die Spannungen und Konflikte lösen zu können, um zur Brüderlichkeit, zur Eintracht und zum Frieden auf allen Ebenen und in allen Gruppen der menschlichen Gesellschaft zu gelangen. Sie verwandelt eine geschichtlich bedingte Situation des Hasses und der Gewalt in eine **Zivilisation der Liebe.**»[59]

Wir haben hier den besten Abschluß, der bei jeder Lehre über das Sakrament der Versöhnung gegeben werden kann. Diese Ermahnung, die im Jahre 1984 im Anschluß an die weltweite Synode der Bischöfe in Rom veröffentlicht worden ist, behält auch heute noch ihre Aktualität.

Auf diesem Gebiet bleibt noch vieles oder fast alles zu tun, aber das Licht ist bereits da, und auch die Hoffnung ist uns gegeben für heute und für morgen.

---

59 Johannes Paul II., Apostolisches Rundschreiben: *Versöhnung und Buße,* Nr. 4.

«Gott ist die Liebe», und er erwartet dich in seiner Liebe und seiner Barmherzigkeit. An dich, der du nun am Ende dieses Buches angelangt bist, richtet der Herr jetzt diesen Ruf und schreibt diese Gewißheit in dein Herz: Jedesmal, wenn du das Sakrament der Versöhnung empfängst, indem du zur Beichte gehst, trägst du einen Stein herbei zum Gebäude eines durch die Gnade Gottes wiederhergestellten Universums. Deine Verantwortung als Christ ist das erste. Aber welche Freude, auf diese Weise mit Gott und für Ihn an der Schönheit seiner Kirche und dem Heil ihrer Menschheit mitarbeiten zu können.

Es sei hier eine Hypothese erlaubt: wenn alle Menschen sich eines schönen Tages zusammenfinden würden und fest entschlossen wären, sich zu versöhnen...
— «Das ist ein schöner Traum», wirst du mir antworten. — Aber nein! Das ist ganz einfach der felsenfeste und unumstößliche Plan Gottes für das Herz aller Menschen.

«Gott hat die Welt so sehr geliebt, daß er seinen einzigen Sohn hingab...» (Joh 3,16) und zwar, um uns zu retten.

«Es ist vollbracht..., und Jesus gab seinen Geist auf» (Joh 19,30). Die Gnade des Heils ist errungen, und an uns liegt es nun, aus ihr zu leben. *«Kommt, es steht alles bereit»* (Lk 14,17). Begeben wir uns also zum Festmahl der Versöhnung.

Auf diese Einladung hin bleibt uns letzten Endes nur eine einzige Antwort zu geben: «Ja!»

Auch heute noch vermagst du, wer immer du auch seiest, dank der Versöhnung **aufs neue zur Liebe Ja zu sagen.** Allerdings wird das sehr häufig deine Kräfte übersteigen... Das übersteigt die Kräfte von uns allen...

Glaubst du aber an das Wunder?

Sigloy, am Feste der Unbefleckten Empfängnis,
dem 8. Dezember 1994

Die rechte Haltung, um dieses Sakrament zu empfangen

«Man muß mehr Zeit darauf verwenden, die Reue zu erwecken, als sein Gewissen zu erforschen» (der heilige Pfarrer von Ars).

1. Zuerst muß der Weltgeist verlassen werden, der unfähig ist, im Priester — wenn er auch ein armseliger Mensch ist — den zu sehen, der die Vollmacht erhalten hat, die Sünden zu vergeben. Das ist die erste Vorbedingung, und sie erfordert einen Blick des Glaubens.

2. Man muß auch für diesen Priester beten, in aller Demut, und nicht, indem man auf seine Fehler schaut, sondern auf sein Priestertum und für ihn alle notwendigen Gnaden erbitten. Wenn die Möglichkeit besteht, den Priester zu wählen, dann kann man den Herrn auch darum bitten, uns zu zeigen, zu wem wir gehen sollen, auch jenseits des persönlichen Geschmacks. Es ist hier nämlich nicht der Ort für eine Aszese am falschen Platz: Man muß zu demjenigen gehen, zu dem man, was das geistliche Leben betrifft, das größte Vertrauen hat.

3. In den Tagen zuvor muß man auch Vertrauen gehabt haben in die Barmherzigkeit Gottes, unmittelbar nach jedem Fehler, in dem Glauben, daß Gott bereits verziehen hat. Im Augenblick des Sündenbekenntnisses soll man nicht zunächst eine Gedächtnisübung vornehmen (außerhalb des Gebetes), in der Furcht, sich nicht mehr an alles zu erinnern (zum Beispiel bei der monatlichen Beichte); denn der Teufel würde sich dieser Furcht bedienen, um uns mit unseren Sünden zu erschrecken und uns an der Barmherzigkeit Gottes zweifeln zu lassen oder uns Skrupel einzuflößen.

4. Man muß Vertrauen in Gott haben, der uns gibt, uns an unsere Sünden zu erinnern, vielleicht erst einige Minuten vor dem Empfang des Sakramentes. Auch hierbei handelt es sich nicht um eine Gedächtnisübung, die zur Selbstbeobachtung führt, sondern um ein Gebet der Hingabe an den Heiligen Geist, der uns selbst zu Hilfe kommen und uns das eingeben wird, was zu beichten ist in dem Augenblick, wo wir uns den Strahlen der Liebe Gottes aussetzen. Diese Strahlen werden unsere Seele mit einem anderen Licht durchdringen als es das unseres Verstandes ist. Es kann uns hier auch helfen, ein Wort aus der Bibel zu erbitten, aber wenn man sich bei der Beichte nur auf dieses Wort stützen würde, könnten dadurch eventuell andere Ereignisse aus dem Leben beiseite gedrängt werden, die es ebenfalls nötig hätten, der Barmherzigkeit Gottes ausgesetzt zu werden.

5. Wenn wir bei der Vorbereitung feststellen, daß irgendwo eine Verzeihung erforderlich ist, dann soll man es sofort tun, ehe man das Sakrament empfängt, oder wenigstens innerlich, wenn es nicht möglich ist, es augenblicklich mündlich zu tun. So hat Jesus selbst uns gelehrt, das

Vaterunser zu beten: «*Vergib uns unsere Schuld, wie auch wir vergeben...*» Auf diese Weise sind wir sicher, daß die Absolution diese Sünde und alle anderen vergeben wird.

6. Dem Priester zuhören, der uns empfängt, und seinen Segen erbitten.

7. Sich seiner Sünden anklagen, das heißt, demütig um Verzeihung bitten und nicht seine ganze Lebensgeschichte erzählen, sondern aufrichtig und präzise seine Sünden bekennen. Dem Herrn die Sorge überlassen, selber die «mildernden Umstände» zu sehen. Sich nicht fragen, ob der Priester uns nicht etwa verurteilen wird. Falls er es irrtümlicherweise doch tun würde, es ihm sofort verzeihen und jenseits seiner Person Gott sehen, der nicht verurteilt, sondern immer vergibt.

8. Sich von Gott die Reue geben lassen, während des Sündenbekenntnisses und danach. Auch alle sonstige Last ablegen.

9. Auf den Priester hören, von ihm die Verzeihung entgegennehmen, sowie alle Befreiung und die Reinigung unseres ganzen Seins. Daran glauben, daß Gott an die Konsequenzen der Sünden nicht mehr denkt oder sie repariert. Den Frieden entgegennehmen.

10. In der Sammlung die Gnade der Absolution empfangen.

11. Sich vornehmen, die der gebeichteten Sünde entgegengesetzte Tugend zu üben.

12. In einem Akt des Glaubens die vom Priester aufgegebene Buße verrichten. Hier vervollständigt Gott die Gnaden des Sakramentes.

13. Seinen Glauben an das empfangene Sakrament verkünden, in welchem die Sünden wirklich vergeben worden sind. In diesem Glaubensakt werden alle Zweifel, Skrupel

und Gewissensbisse verjagt, sowie alle Rückwärtsschau, alles Richten, alle Anklagen und Verurteilungen, die durch den Widersacher eingeflößt werden, der damit den tiefen, von Gott empfangenen Frieden zerstören will.

14. Die Danksagung. Dem Herrn den ganzen Tag über Dank sagen, von Stunde zu Stunde den Heiligen Geist in uns singen lassen, in der Erinnerung an diese Begegnung mit Gott, wie es bei jenem Leprakranken war, der umkehrte und Jesus dankte.

15. In der Dankbarkeit der empfangenen Verzeihung versuchen, den Rat des Pfarrers von Ars zu befolgen. Er ist ein unfehlbarer Weg zur Bekehrung in der rechten Umkehr zu der Liebe, die wir unserem Herrn entgegenbringen müssen: «Wenn wir Gott liebten, dann liebten wir auch die Kreuze.» Anders ausgedrückt, nachdem wir die Reichtümer des Kreuzes Jesu empfangen haben, auch jenes Kreuz annehmen, das der Herr vielleicht für uns erlaubt, und es auch für die anderen Sünder aufopfern. Der heilige Pfarrer fügt sogar hinzu: «Es ist die Angst vor dem Kreuz, die unser größtes Kreuz ist.» Er gibt uns aber auch großen Mut, wenn er bekennt: «Am Anfang flößten die Kreuze mir Angst ein…; ich begab mich daran, sie zu lieben, und sie wurden alle ganz leicht.»

16. Jetzt beginnt der geistliche Kampf, der um so härter ist, je fester wir uns entschlossen haben, nicht länger im Zustand des Unbekehrt-Seins zu verharren. Sich dann mit Glauben auf die während der Versöhnung empfangenen Gnaden stützen, um mit Festigkeit, aber auch im größten Frieden diesen Kampf durchzustehen. In der Tat, Gott ist ja noch da, in der Treue eines jeden Augenblicks. Das Sakrament wirkt weiter in unserem Leben.

17. Für die Eheleute ist es gewiß sehr vorteilhaft, zunächst zu beten und dann gemeinsam ihre Beichte vorzubereiten. Das ist eine gute Gelegenheit zur Offenheit, die sie in der gegenseitigen Heiligung wachsen läßt, ebenso auch in größerer Barmherzigkeit zueinander, und so wird ihre eheliche Liebe sich immer weiter entfalten. Anschließend aber sollen sie jeder für sich ihre Beichte beim Priester ablegen; und dann ist es natürlich gut, gemeinsam die persönlich im Sakrament empfangenen Gnaden miteinander zu teilen. In diesem Mitteilen wird ihre Gemeinschaft gestärkt. Es besteht manchmal unter Eheleuten ein ausgeprägtes Verlangen nach einem vollständigeren geistlichen Teilen. Vorbedingung ist jener Akt der Demut, sich vor seinem Ehepartner als Sünder anzuerkennen.

18. Diese persönliche Beichte vor einem Priester bewahrt — was immer man davon denken kann — ihre ganze kirchliche Dimension. Es versteht sich von selbst, daß der Beichtende auf das Gebet seiner Brüder zählt, wie auch auf die Verdienste der Gottesmutter und aller Heiligen, die für ihn Fürsprache einlegen. Um eine fruchtbare Beichte abzulegen, ist es gut, sein Vorhaben einem Bruder anzuvertrauen, der dich mit seinem Gebet begleitet. Das Rezitieren eines «Gegrüßt seist du, Maria» vor dem Empfang des Sakramentes ist auch eine wirksame Hilfe und ein Akt des Vertrauens gegenüber derjenigen, die in ihren Armen den Leib ihres für uns gestorbenen Sohnes gehalten hat.

19. Treu an der häufigen Beichte festhalten, ungeachtet des jeweiligen Seelenzustandes.

20. Dieses Sakrament immer im Hinblick auf die Heiligkeit empfangen, die Gott von uns erwartet.

Wie man das Sakrament der Versöhnung empfängt

(Auszug aus dem Rituale für das Sakrament der Buße und der Versöhnung, 1978)

1. Die Aufnahme

Der Priester und der Beichtende machen zusammen das Kreuzzeichen. Der Beichtende kann sagen:

Segnen Sie mich, Vater, denn ich habe gesündigt.

Der Priester segnet ihn im Namen des Herrn und lädt ihn zum Vertrauen ein, etwa durch folgenden Satz:

Der Herr Jesus möge Sie empfangen.
Er ist nicht gekommen, um die Gerechten zu berufen, sondern die Sünder.
Haben Sie Vertrauen in ihn.

Oder:

Möge der Heilige Geist Sie erleuchten, um Vertrauen zu finden in die Barmherzigkeit Gottes und um sich als Sünder zu erkennen.

2. Die Lesung des Wortes Gottes

Sein Gewissen erforschen, das heißt, den Blick Gottes bis ins Innerste seines Lebens eindringen lassen.

Es ist gut, wenn der Priester oder der Gläubige einen kurzen Text aus der Heiligen Schrift lesen oder auswendig ein Wort des Herrn zitieren, das von der Barmherzigkeit Gottes handelt oder den sündigen Menschen zur Buße aufruft:

Jesus hat gesagt: *«Ich bin gekommen, die Sünder zu rufen, nicht die Gerechten»* (Mt 9,13).
«Es herrscht bei den Engeln Gottes Freude über einen einzigen Sünder, der umkehrt» (Lk 15,10).

3. Das Sündenbekenntnis

«Bekennen», damit werden drei Dinge bezeichnet: seinen Glauben bekennen, die Liebe erkennen, mit der uns Gott liebt, und seine Sünden zu sagen. Diese drei Bedeutungen finden sich im Tun des Beichtenden.

Der Beichtende kann mit einem allgemeinen Bekenntnis seines Zustandes als Sünder beginnen, indem er spricht:

Ich bekenne dem allmächtigen Gott,
ich bekenne vor Ihnen, mein Vater,
daß ich gesündigt habe, in Gedanken, in Worten,
im Tun und im Unterlassen;
ja, ich habe wirklich gesündigt *(er schlägt sich an die Brust);*
darum bitte ich die Jungfrau Maria,
die Engel und alle Heiligen,
und auch Sie, mein Vater,
zu beten für mich bei Gott, unserem Herrn.

Der Beichtende klagt sich nun im einzelnen seiner Fehler an.

Der Priester schlägt dann ein Zeichen der Bekehrung und der Buße vor: ein Gebet, ein Teilen, eine Bemühung, von sich selbst und von seinen Gewohnheiten loszukommen und vor allem den Dienst am Nächsten. Es ist normal, daß der Büßende seine Zustimmung erklärt oder daß er selbst einen anderen konkreten Ausdruck seines Willens zur Erneuerung im inneren Leben vorschlägt.

4. Gebet, um die Verzeihung entgegenzunehmen

Immer, wenn es möglich ist, werden der Priester und der Beichtende gemeinsam beten, vielleicht das **Vaterunser** oder irgendeinen Psalmvers:

Denk an dein Erbarmen, Herr,
und an die Taten deiner Huld;
denn sie bestehen seit Ewigkeit.
Denk nicht an meine Jugendsünden und meine Frevel!
In deiner Huld denk an mich, Herr (Ps 25).

Verbirg dein Gesicht vor meinen Sünden,
tilge all meine Frevel!
Erschaffe mir, Gott, ein reines Herz,
und gib mir einen neuen, beständigen Geist! (Ps 51).

Der Beichtende kann auch allein sein Bedauern in einem Gebet zum Ausdruck bringen, etwa durch das eine oder andere, welche hier folgen:

Jesus, Retter, Sohn Gottes, sei mir Sünder gnädig.

Vater, ich habe gesündigt gegen dich. Ich verdiene nicht mehr, dein Kind genannt zu werden. Erbarme dich des Sünders, der ich bin.

Mein Gott, es tut mir sehr leid, dich beleidigt zu haben, weil du unendlich gut bist und weil die Sünde dir mißfällt. Ich fasse den festen Entschluß, mit Hilfe deiner Gnade, dich nie mehr zu beleidigen und Buße zu tun.

5. Absolution

Der Beichtende hört das Wort, das ihm die Verzeihung Gottes gewährt. Der Priester streckt die Hände über das Haupt des Beichtenden aus.

Diese Segensgeste hat den Christen bereits vor seiner Taufe unter die Macht Gottes, des Schöpfers und Retters gestellt. Diese Geste drückt hier die Gabe des heiligen Geistes aus, «der selbst die Verzeihung aller Sünden ist» (Missale, Samstag vor Pfingsten).

Mit ausgestreckten Händen spricht der Priester das Gebet der Versöhnung:

Gott, unser Vater, möge Ihnen seine Barmherzigkeit zeigen;
durch den Tod und die Auferstehung seines Sohnes
hat er die Welt mit sich versöhnt,
und er hat den Heiligen Geist gesandt
zur Vergebung der Sünden:
durch das Priesteramt der Kirche
gebe er Ihnen die Verzeihung und den Frieden.

Und ich, **im Namen des Vaters**
und des Sohnes und des Heiligen Geistes,
ich vergebe Ihnen alle Ihre Sünden.

Der Gläubige, dem die Verzeihung gewährt worden ist, antwortet: Amen.

6. *Das Bekenntnis der Barmherzigkeit Gottes*

Der Priester lädt zur Danksagung ein: er wünscht Freude und Vertrauen, und er spricht ein für jede Person angepaßtes Wort der Ermutigung. Er kann zum Beispiel folgendermaßen schließen:

— Gehen Sie hin im Frieden und in der Freude Christi.
— Antwort: Gepriesen sei Gott, jetzt und allezeit.

Oder:
— Glücklich, dem vergeben wurde, der von seiner Sünde befreit ist.
Freuen Sie sich im Herrn. Gehen Sie hin in Frieden.

Oder:
— Der Herr hat Ihnen vergeben. Tun Sie das gleiche.

Oder:
— Durch das Leiden unseres Herrn Jesus Christus, unseres Herrn, durch die Fürsprache der Jungfrau Maria und aller Heiligen möge alles, was Sie Gutes tun oder Schmerzliches erdulden, zur Vergebung Ihrer Sünden beitragen und in Ihnen die Gnade vermehren, auf daß Sie leben mit Gott.

Nachdem der Büßende den Priester verlassen hat, verrichtet er seine Buße und wird auch noch persönlich dem Herrn danken für alle Gnaden, die er in diesem Sakrament empfangen hat, in welchem er durch die Barmherzigkeit Gottes so reich beschenkt worden ist.

Sakramentale Worte der Absolution

Im allgemeinen benutzt der Priester folgende
kurze Formel:

Möge Gott, unser Vater, Ihnen seine Barmherzigkeit erzeigen;
durch den Tod und die Auferstehung seines Sohnes
hat er die Welt mit sich versöhnt,
und er hat den Heiligen Geist gesandt
für die Vergebung der Sünden:
Durch das Priesteramt der Kirche
gebe er Ihnen die Verzeihung und den Frieden.
Und ich, im Namen des Vaters und des Sohnes
und des Heiligen Geistes;
ich vergebe Ihnen alle Ihre Sünden.

AMEN.

Er kann aber auch die folgende, längere Absolution wählen, die es dem Beichtenden erlaubt, seinen Glauben an das allmächtige Wirken der Allerheiligsten Dreifaltigkeit in ihm zu bestätigen, indem er dreimal «Amen» antwortet.

Die längere Formel:

Gott, unser Vater,
will nicht den Tod des Sünders,
sondern daß er sich bekehre und lebe.
Er ist es, der uns als erster geliebt hat,
und er hat seinen Sohn in die Welt gesandt,
damit die Welt durch ihn gerettet werde.
Er erzeige Ihnen seine Barmherzigkeit
und gebe Ihnen seinen Frieden.

AMEN.

Jesus Christus, der Herr,
der durch unsere Sünden dem Tode überliefert wurde,
ist zu unserer Rechtfertigung auferstanden.
Er hat seinen Heiligen Geist über die Apostel
ausgegossen,
damit sie die Macht erhielten,
die Sünden zu vergeben.
Durch unser Priesteramt
möge Jesus selbst Sie vom Bösen befreien
und Sie mit dem Heiligen Geist erfüllen.

AMEN.

Der Heilige Geist, unser Beistand und
unser Verteidiger,
ist uns gegeben worden zur Vergebung der Sünden,
und in ihm können wir zum Vater kommen.
Möge der Heilige Geist die Herzen erleuchten
und reinigen:

damit Sie die Wunder dessen verkündigen können,
der Sie gerufen hat
aus der Finsternis in sein wunderbares Licht.

AMEN.

UND ICH, IM NAMEN DES VATERS UND DES SOHNES UND DES HEILIGEN GEISTES, ICH VERZEIHE IHNEN ALLE IHRE SÜNDEN. AMEN.

Inhaltsverzeichnis